大学総合研究センターの今

教育改革に挑む早稲田

早稲田大学
大学総合研究センター 監修
Waseda University
Center for Higher Education Studies

姉川恭子
ANEGAWA Kyoko

石井雄隆 編著
ISHII Yutaka

山田晃久
YAMADA Teruhisa

早稲田大学出版部

はじめに

　本書は，大学総合研究センター設置の契機となったWaseda Vision150の初めの5年間，第1ステージの終了にあたって出版するものである。2014年の大学総合研究センター設置前の歴史を振り返りながら，4年間の取り組みの軌跡を纏めている。

　本書の読者として想定しているのは，第1に，大学総合研究センターと同様の組織に所属する各大学の教職員である。2章でも触れているとおり，大学設置基準の大綱化を皮切りに大学教育関連のセンター設置は増加している。各大学のセンターの位置付けや設置背景は異なれども，いずれの大学においても期待されているのは，自大学の教育改善等に資する「諸活動」である。しかしながら，センター等の任を受けた教員が，必ずしもその「諸活動」の推進に必要な知識や経験を有しているとは限らない。筆者が学会等で主催したInstitutional Research関係のワークショップにおいて，「自分の専門とは異なりますが，この度自大学のIRの担当教員となり，勉強するために参加しました」という類の自己紹介の何と多いことか。かく言う筆者も，国内外の事例を収集し，勉強を重ねながら業務に当たる日々である。

　本書では，主に，大学総合研究センターの主導するInstitutional Research，Faculty Development，eラーニングやMassive Open Online Courses等の事例を取り扱っている。これらの事例が全ての大学においてそのまま役立つことは少ないと思われるが，必ずしも成功ばかりとは言い難い我々の経験が，少しでも多くの関係者にとって何らかの形で有益な知見となれば望外の喜びである。そして，ぜひ，本書に対してのご意見やご批判をお寄せいただき，今後の教育改善，教育支援のあり方について再考するとともに，大学間の連携を広げる機会となれば大変有り難く思う。

　また，早稲田大学関係者，特に学生や校友の方々へ向け，現在の早稲

田大学の教育や教育改革の一部をお伝えできれば幸いである。学生にとっては，俯瞰的に自分の学ぶ大学を見る機会となればと思う。また，校友の方には毎年，校友会の諸活動に多数ご参加いただいている。大学のキャンパスを直接見に来ることが難しい場合も，本書を通して，少しでも大学の「今」を知る機会となることを期待する。

本書は大きく2部に分かれている。第1部に先立ち，大学総合研究センター設置時の所長であり，早稲田大学副総長，常任理事である橋本周司名誉教授（理工学術院）が，本書の目的，センター発足の経緯を序章としてまとめている。

第1部の第1章では，大学総合研究センター副所長の神尾達之教授（教育・総合科学学術院）が，大学総合研究センターは何を考えながら活動してきたのか，そして現在何に取り組み，今後何を目指すのか，大学総合研究センターの「これまでとこれから」を概観する。

第2章では，以降の各章で展開していくInstitutional Research, Faculty Development, eラーニングやMassive Open Online Coursesが，高等教育政策の中でどのように変遷し，各大学はどう教育改革を迫られてきたかについて，大学総合研究センター副所長の吉田文教授（教育・総合科学学術院）が報告する。本章は，1990年代以降の高等教育政策の動向を整理した解説にもなっている。

第2部の第3章から第5章は，それぞれの主題について大学総合研究センター設置以前の歴史的経緯も含めて，各業務を担当する各部門の講師，助手，事務職員と関係部署の教員がまとめたものである。各章の歴史的背景の執筆については，下記の通り担当いただいた。

まず，第3章では，入学センター副センター長，入試開発オフィス長の沖清豪教授（文学学術院）が，IR前史・勃興期となる1970年代からの日本におけるIRに関する動向を現在に至るまでまとめ，その中での早稲田大学の活動を振り返っている。現在では一般的な用語となった「IR」であるが，早稲田大学においてははるか以前から「IR」とみなされる

取り組みが行われていたことが判る。

　第4章では，センターの教育方法研究開発部門の前身となったFD推進センターの活動について，当時のFD推進センター長であり現在の大学総合研究センター副所長，教務部副部長である本間敬之教授（理工学術院）はじめ，副所長の森田裕介准教授（人間科学学術院）からの聞き取りをもとにまとめた。第5章では，もう1つの前身である遠隔教育センター時の取り組みについて，中野美知子名誉教授（教育・総合科学学術院）が執筆した。中野氏は，当時の遠隔教育センター所長であり，大学総合研究センター設置後は副所長として2015年3月のご退職まで大変ご活躍いただいた。

　終章として，2018年4月からセンター所長に就任した佐藤正志教授（政治経済学術院）が，教務担当理事としての立場から，早稲田大学における全学教育カリキュラムや教員組織，教育組織のあり方について，今後の課題と展望についてまとめている。

　最後に，情報化推進担当理事であり，DCC（デジタル・キャンパス・コンソーシアム）会長の大野髙裕教授（理工学術院）より，情報化推進及び産学連携の観点から，今後の早稲田大学の教育改革にかかわる大学総合研究センターへの期待を寄せてもらった。

　本書をお読みいただければ，大学総合研究センターの数々の取り組みは，その多くが教職協働により成し遂げられてきたことがおわかりいただけると思う。本書自体もその賜物である。高等教育研究部門の業務の1つとして行われているIRについて，第3章は，職員の方々にも一部ご執筆いただいた。また，既述の通り，教育方法研究開発部門は，前身の遠隔教育センターやFD推進センターの活動を受け継いでいる。4章及び5章に記されたこれらの活動は，遠隔教育センターの教務担当教務主任として指導された向後千春先生，菊池英明先生，事務職員であった黒田学氏，伊藤達哉氏，永間広宣氏，森裕樹氏，稲葉直也氏，土居由希子氏，FD推進センター事務職員であった大久保幸三氏，小牧慎二氏，大

学総合研究センター事務職員であった米内達也氏のご尽力なしでは成し得なかったことである。最後に，現在，事務職員として大学総合研究センターを支えている服部令氏，向虎氏，福元彩子氏，中山勝博氏，平賀純氏，松永重隆氏，川合光氏，近藤隼氏に心より感謝する。

編者を代表して 2018年12月
姉川恭子

CONTENTS 目次 ●大学総合研究センターの今

はじめに　姉川恭子 …………………………………………………………… 3

序　章　大学総合研究センター発足の経緯
　　　　　橋本周司 …………………………………………………………… 11

第1部

第1章　大学総合研究センターのこれまでとこれから
　　　　　神尾達之 …………………………………………………………… 20

- **1** 社会的評価における早稲田大学の位置付けと戦略的ベンチマーキングに関する研究──女子学生の進学動向をめぐって …………………… 22
- **2** 本学学生調査の現状把握に基づく課題と今後の調査フレームワーク案に関する研究 ……………………………………………………… 22
- **3** 早稲田大学における全学教育のあるべき姿 ………………………… 23
- **4** 早稲田大学における学術院組織のあるべき姿 ……………………… 24

第2章　1990年代からの高等教育改革政策を読み解く
　　　　　吉田　文 …………………………………………………………… 27

- **1** 高等教育計画 ……………………………………………………………… 27

| 2 1992年問題 ······ 30
| 3 規制緩和と評価 ······ 32
| 4 質保証——教育から学習へ ······ 35
| 5 競争的経費による誘導 ······ 38
| 6 FD——教育改革の嚆矢 ······ 40
| 7 ICT利用の遠隔教育——裾野の拡大か教育の充実か ······ 44
| 8 IR——データ分析にもとづく戦略計画 ······ 48
| 9 大学教育関連センター ······ 50

第2部

第3章 早稲田大学における分散型IR
姉川恭子・沖 清豪・永間広宣 ······ 54

| 1 はじめに——IRはなぜ求められたのか：
   大学総合研究センター前史を読み解く ······ 54
| 2 日本におけるIRの特質 ······ 55
| 3 早稲田大学におけるIR的活動の勃興期
   ——昭和30年代から昭和末期における調査研究 ······ 61
| 4 早稲田大学におけるIRのかたち ······ 65

Column 世界大学ランキング振り返りのすすめ 中山勝博 ······ 72

Column　プロジェクトに参加して思うこと　岡崎成光 ……………… 91
■5　今後の課題と展望 …………………………………………………… 92

第4章　早稲田大学における教育・学修支援
　　　石井雄隆・山田晃久・森田裕介 ……………………………………… 96

■1　実施主体・実施環境から捉える教育・学修支援の動向 ………… 96
■2　早稲田大学における教育・学修支援の取り組み ………………… 101
　　　Column　CTLTガイド　石井雄隆 ………………………… 105
■3　教授力強化のための実践共同体形成 ……………………………… 106
　　　Column　海外FDプログラムに参加して　青木則幸 …………… 110
■4　TAによる教育支援強化のための実践共同体形成 ……………… 111
　　　Column　高度授業TAの活躍から　蒋妍 ……………………… 115
■5　実施環境としての教育方法・教育設備 …………………………… 117
■6　おわりに ……………………………………………………………… 123
　　　Column　大学リーダーシップ教育の全国展開　日向野幹也 ……… 126

第5章　早稲田大学における遠隔教育の普及と推進
　　　石井雄隆・中野美知子・渡邉文枝・山田晃久 ……………………… 130

| 1 はじめに ……………………………………………… 130
| 2 国内におけるeラーニングの動向 ……………………… 130
| 3 大学総合研究センターにおけるJMOOCの取り組み …… 142
| 4 大学総合研究センターにおけるグローバルMOOCの取り組み …… 149
| 5 おわりに ……………………………………………… 154

　　Column　統計教材モジュール展開プロジェクト　石井雄隆 …… 160

終　章　大学総合研究センターの次のステージ
──大学改革の中心へ　佐藤正志 …………………………… 161

おわりに──大学総合研究センターへの大きな期待　大野髙裕 …… 169

● 大学総合研究センター年表 ……………………………………… 173

序章

大学総合研究センター発足の経緯

橋本周司

　本書は，大学総合研究センターの発足から4年を経過して，これまでの研究成果の一部を纏めたものである。主として，これまでの活動事例を中心に，データに基づく教育改善や教育マネジメントのあり方及び今後の展望について論じることを目的とするものであるが，まず初めに，執筆者たちの属するセンター発足の経緯を紹介する。

　早稲田大学の大学総合研究センターは早稲田大学の中長期計画である「Waseda Vision150」の施策の一環として2014年2月1日に設立された。「Waseda Vision150」は2010年に就任した鎌田薫第14代総長の2年目に迎えた創立130周年を機に策定されたもので，2032年の創立150周年までに早稲田大学をどのような大学にするか，そのために今何をするか，という理事会主導の1年間以上にわたる議論により纏められた。20年後の早稲田大学における学生，研究，卒業生のあるべき姿を示す教育研究に係わるビジョンと大学経営に係わるビジョンを定め，13の核心戦略のもとで70以上のプロジェクトが組織され，各学術院等にも将来計画の策定とその実行を求めて，早稲田大学独自の改革が開始された。

　「Waseda Vision150」策定の論点として，まず挙げられたのは，現代社会における大学の存在意義の再確認ということである。我が国では，大学の社会における地位の低下を象徴するように大学の存在感が希薄な時期が続いた後に，ここ数年社会からの大学への注文が頻繁に発せられるようになった。もっと学生を鍛えよ。産業界の役に立つ研究をせよ。尖った人材を育成せよ。魅力のない授業が多い。海外の大学に負けている。起業家養成が不十分だ。経営意識が無い。古い体制の根本的な改革が必要。などなど，市民，産

業界，政界，官界，から大学に対する様々な声がある。大学は社会から押され続けている。しかしながら，それは他に頼れるものをすべて見失った社会からの大学への期待（最後の希望）でもあるかも知れない。

このような中で，社会の要請に応えて○○をするという大学からのメッセージも多数出されるようになった。社会の期待に沿うように教育研究を実践するということは大学の重要な使命である。しかしながら，大学の役割はそれに留まるものではない。人類社会の行くべき先を指し示し，あるべき姿と可能性を描き，それを実現する人材を輩出することがより重要な大学の役割なのである。これができる大学への改革が求められているのではないか。

グローバルガバナンスが確立していないことに起因する世界的諸課題（持続性，平和，危機管理など）の解決のためには，知識伝達に留まらず，世界を俯瞰する視野を持って問題を洞察し解決に向かう力を大学が持ち，これを体現した人材の輩出が求められる。

次に，外的な要因が大学に問い掛けることがある。国内では少子化の加速と超高齢化である。日本の18歳人口は現在の120万人から2030年までには100万人を割り込むことが予想されている。少子高齢化に伴い生産年齢人口は現在の8,100万人から2030年には約6,700万人に減少すると言われている。一方，この間も世界の人口は増え続け，2011年には70億人を超えた。これらは，社会の構造と制度の大きな変革を引き起こす要因となり，大学の役割にも大きな影響を与えるとともに，大学の規模と構成，教育と研究の体制の変換に繋がると思われる。このような中で，科学技術の発達に伴う交通・通信形態の変化により，地球的規模で人材・頭脳・情報の移動・交差が加速し，大学間の国際競争が激化している。

さらに，考慮の中に入れるべきこととして技術革新の大きな波がある。ICTを中心とする技術の発展と普及が，教育・研究の方法論を大きく変えつつある。例えば，ハイパーテキスト教材，バーチャルリアリティ（VR），シミュレーション実験，遠隔授業，オンデマンド授業，自動翻訳，コンピュータ援用共同作業（CSCW）など。さらに，モノのインターネット（IoT），ビッグデータ，人工知能（AI）である。これらはいずれもハード・ソフト両面での新しいインフラ整備を必要とするものであるが，教育・研究のグローバル化・高度化の強

力な武器となるばかりでなく，大学という高等教育の場で数百年に渡って行われてきた教室での講義を中心とする教授形態の転換を促すこととなった。

　また，最近の大規模データベースと人工知能の普及は，産業構造を大きく揺さぶるばかりでなく，学修と研究の方法論に加えて学問と高等教育そのものの有り様を大きく変えてしまうと予想される。この流れの中で大学の様々なデータの蓄積と活用をシステム化するIR（Institutional Research）の可能性が広がっている。このような技術革新の源を辿れば大学の研究に行き着くのであり，その結果によって大学自体の変革が迫られるという構図は，学問研究と社会的営為の関係を端的に物語るものと言える。

　交通・通信手段の発達と人口の大幅な増加によって，地球全体の相対的距離感が大きく縮小するなかで，安全で個々人が安心できるばかりでなく，人と人，個人とコミュニティ，人間と自然，すべての国・地域，が互いに信頼しあえる世の中を実現する知恵と思想が求められている。大学改革の持つべき視野は，一国家・特定地域の利益や繁栄に留まるものではない。その意味でも，我が国で言われている科学技術創造立国の次なる段階を模索する必要がある。科学技術の水準のみでは国や地域の価値が決まらない時代が来るであろうし，すでに軍事力や経済力に加えて，文化・社会制度などソフトパワーが世界の秩序形成に大きな影響を及ぼす兆しがある。

　さらに，現在進行しているグローバル化が取りこぼしそうなものは何か。地域毎の多様性を保証したグローバル化の時代に向けて，英語中心から多言語化への展開など，非英語圏の大学の強みを生かして，次なる社会へ広い視野を確保することが肝要である。

　上のような現状認識を背景として，Waseda Vision150では20年後の早稲田大学のビジョンとして次の4つを掲げ，13の核心戦略を策定した。

〈教育・研究の関わる3つのビジョン〉

1）世界に貢献する高い志を持った学生

　「世界中から集まった早稲田の学生は，学生間および教職員との相互作用による知的文化的な刺激の中で，広い教養と深い専門性を身につけ，世界に

貢献する高い志を持って世にはばたく用意と覚悟ができている。」

そのために，人間力・洞察力を備えたグローバルリーダーの育成を行う中心的な核心戦略は，「入試制度の抜本的改革」，「グローバルリーダー育成のための教育体系の再構築」，「教育と学修内容の公開」，「対話型，問題発見・解決型教育への移行」，「大学の教育・研究への積極的な学生参画の推進」である。

2）世界の平和と人類の幸福の実現に貢献する研究

「早稲田の研究が，人類の知を拡充・組織化し，環境・貧困・災害・紛争等の地球的課題の解決に貢献する。さらに，異文化が共生するなかで持続的発展が可能な世界を構築するための次の課題を指し示し，世界の平和と人類の幸福の実現に貢献する。」

このような未来をイノベートする独創的研究の推進のために，「独創的研究の推進と国際発信力の強化」，「世界のWASEDAとしての国際展開」，「新たな教育・研究分野への挑戦」という核心戦略を策定した。

3）グローバルリーダーとして世界を支える卒業生

「早稲田の卒業生（校友）が世界各国で，そして日本の津々浦々で，政治，経済，学問，文化，スポーツ，地域活動等の様々な分野のグローバルリーダーとして，あるいは自立した精神を持って地域社会を支える市民として，歓びを持って汗を流す。そうした校友が折にふれて再び早稲田に帰り，早稲田大学や他の校友，地域社会などと強固な連携を構築する。」

このような校友・地域との生涯にわたる連携の強化に関連する核心戦略は，「グローバルリーダー育成のための教育体系の再構築」，「教育と学修内容の公開」，「世界のWASEDAとしての国際展開」，「新たなアカデミック・コミュニティの形成」，「早稲田らしさと誇りの醸成をめざして」である。

〈大学経営と組織に係るビジョン〉

4）アジアの大学のモデルとなる進化する大学

「早稲田の大学経営が日本やアジアの大学のモデルとなるように，財政基

盤を確立し，情報公開，説明責任を果たし，適切なガバナンスをもって，世界に信頼され常に改革の精神を持って進化する大学となる。」

　このような大学の組織や経営に係る改革は，これまで十分に行われてきたとは言えない。そこで，「進化する大学の仕組みの創設」，「教職員の役割と評価の明確化」，「財務体質の強化」を核心戦略として実行することとした。

　4つのビジョンはいずれも茫漠としており，必ずしも明確な目標提示とは言い難い。しかしながら，「Waseda Vision150」では，今はそれぞれ別々の方向を向いて進んではいても，遠くのビジョンをすべての教職員が共有していること，その意味では行き先については互いに信頼し合うことを求めている。これらのビジョンは早稲田大学だけでなく，文言は異なってはいるがこれまでも多くの大学が掲げてきたものであり，特に新しいというわけではない。しかし，どの大学も実現できていないことである。

　図序-1に「Waseda Vision150」の全体像を示す。いくつかのプロジェクトは既に目標を達成し終了しているが，相当数のプロジェクトが大学教育の内容と方法の改革に係わるものである。

〈大学総合研究センター〉

　「Waseda Vision150」は推進会議で各プロジェクトの状況を確認しながら進めており，定常的に進捗管理と最終決定を行う総長指揮の推進本部が設置されている。そのなかで，早稲田大学には大学の根本問題である高等教育の意味，有り方，方法論また運営を専門に研究する機関の必要性が認識され，大学総合研究センターの設置が計画されたのである。大学運営と大学教育に関してはすべての教職員が常に考えていることではあるが，それを纏めて大学の施策に反映する仕組みは無かった。常に自律的に変革し進化する大学となるために，大学の構成員が変わっても改革の持続が可能となる仕組みを構築することを目指し，大学の理念（存在意義，役割，高等教育のあり方）を常に考究するとともに，大学のあるべき将来の姿をデザインし，実践できる体制を教務部と連携しながら全学的な視点で整備する必要がある。このような認識のもと，それまで機能別に設置されていたFD推進センターと遠隔教育セ

教旨

1. 学問の独立 ―世界へ貢献する礎―
2. 学問の活用 ―世界へ貢献する道―
3. 模範国民の造就 ―世界へ貢献する人―

Vision

教育・研究ビジョン

1. 世界に貢献する高い志を持った学生
   【基軸1】人間力・洞察力を備えたグローバルリーダーの育成
2. 世界の平和と人類の幸福の実現に貢献する研究
   【基軸2】未来をイノベートする独創的研究の推進
3. グローバルリーダーとして社会を支える卒業生
   【基軸3】校友・地域との生涯にわたる連携の強化

大学経営ビジョン

4. アジアの大学のモデルとなる進化する大学
   【基軸4】進化する大学の仕組みの創設

 核心戦略を実現するための76のプロジェクト(2012～)

核心戦略

入試戦略	展開戦略
●入試制度の抜本的改革	●独創的研究の推進と国際発進力の強化 ●世界のWASEDAとしての国際展開 ●新たな教育・研究分野への挑戦

数学戦略	経営戦略
●グローバルリーダー育成のための教育体系の再構築 ●教育と学修内容の公開 ●対話型、問題発見・解決型教育への移行 ●大学の教育・研究への積極的な学生参画の推進 ●早稲田らしさと誇りの醸成をめざして ―早稲田文化の推進	●教職員の役割と評価の明確化 ●財務体質の強化 ●進化する大学の仕組みの創設 ●早稲田を核とする新たなコミュニティの形成

図 序-1　Waseda Vision150概念図

ンターを廃止し，それらの機能を包含した大学総合研究センターを設置したのである。

　大学総合研究センターの事業目的は，早稲田大学の高等教育に関する研究および授業方法の企画・開発・普及促進とその実践を支援する活動を通じて，早稲田大学の教育，研究，経営の質的向上に資する自律的・持続的な大学改革を推進することである。さらに，教育，研究，経営に係る諸活動による成果を広く世界へ発信することを通じて，国内外に対して教育システム，大学経営のモデルを示していくことでアジアのリーディングユニバーシティとしての確固たる地位を築くことに資する活動を展開することとした。そのために，「高等教育研究部門」と「教育方法研究開発部門」を設置し，それぞれ次のような役割を担っている。

【高等教育研究部門】
- 本学の入学試験を含む高等教育に関する研究および調査
- 本学の社会的役割と教育成果に関する恒常的な評価・点検
- 本学の自律的な大学改革の推進と自己点検・評価への支援
- 本学の教育，経営に係る各種データの収集・分析および提供

【教育方法研究開発部門】
- ICT・遠隔教育を基盤とした教育手法の研究開発・普及促進
- その他先駆的な教育手法に関する研究開発・普及促進
- 教員の教育能力開発に関する事業の企画・推進
- 授業改善のためのワークショップ，研修プログラム等の企画・開発・運営
- 教育内容公開に関する事項
- 授業コンテンツ制作のための著作権処理および授業コンテンツの著作権管理
- 国内外の教育研究機関および企業等との共同プログラムの実施

【部門共通事業】
- 本センターの諸活動，成果の社会への発信・広報
- 研究，教育および調査の受託
- その他本センターの目的達成に必要な事項

　また，当面は2部門による構成とするが，高等教育研究部門を機能により

「高等教育研究部門」と「IR部門（仮）」に分け，3部門構成とすることを想定して出発した。

　他大学の類似名の研究センターに比べて遅い発足であるが，研究を研究論文の発表で終了するのではなく，成果の現場適用までを目的とするところが大きな特徴である。高等教育そのものの研究に基づく早稲田大学の存在理由の追求と改革戦略提案，あるいは，教育方法の研究開発と評価そして普及が求められている。したがって，限られた人数の所員は通常の研究者より過負荷になりがちなことが現在の課題である。

　高等教育機関が自ら高等教育について発言することは，自身の行っている教学活動の現状と対照して言行不一致のそしりを受けかねないという危険性を伴う。特に，早稲田大学の大学総合研究センターは高等教育の一般的な研究の場ではなく，大学のあるべき姿を追求し研究成果を早稲田大学の現場に反映することを設立の使命としていることから，本書の場合はなおさらである。その意味では，まだ準備も覚悟も十分と言えないのであるが，早稲田大学大学総合研究センターで何が問題とされ何が行われてきたか，その一端を披瀝することとした。早稲田大学の今と目指すところを推察いただく一助となれば幸甚である。

　最後に，半世紀前に学生であった者として，私的な思いを記す。

　「大学とは何か。学問とは何か。教育とは何か。大学解体！」1960年代後半，全世界の先進諸国の大学で吹き荒れた学生たちの根源的な問いがあった。これに対するアメリカ的解決，ヨーロッパ的昇華に比べて，我が国の大学は，バブル崩壊に至るまでの経済の飛躍的発展に紛れて，絡めとられてしまった感がある。今日まったく別の角度から発信された「大学解体」の試練に対して，従前と同じ轍を踏まぬよう早稲田大学らしい賢い答えを見出す作業の中心として大学総合研究センターがあって欲しいと願うのである。

　末筆ながら，本書刊行作業の中心となった本センターの姉川恭子講師，石井雄隆助手，山田晃久氏の多大な尽力に感謝する。

第 1 部

第1章
大学総合研究センターのこれまでとこれから

神尾達之

　大学総合研究センターの設置は，2013年11月22日の経営執行会議で決定された。設置の趣旨は，Waseda Vision150が目ざした大学の理想の姿を実現するために，「大学の理念（存在意義，役割，高等教育のあり方）を常に考究するとともに，大学のあるべき将来の姿をデザインし，実践できる体制を教務部と連携しながら全学的な視点で整備する」（「大学総合研究センターの設置構想について」）ことであった。ひとことで言えば，Waseda Vision150で謳われた理想に，より具体的な形を与えることが大学総合研究センターの使命である。

　大学総合研究センター，すなわち「大総研」の使命は，早稲田大学に設置されているもう1つの，名称が似ているのみならず，大総研と同じく教育を研究対象とした組織である「教総研」，すなわち教育総合研究所との違いを見ることで，より明瞭になるだろう。教総研は大総研に先行する研究所である。教総研のホームページに掲載された「主旨」によれば，教総研は「今後の本大学における教育の展開に寄与することはもとより，社会との有機的連関をとおして教育のあり方の探求に貢献する」ことを目的としている。早稲田大学における教育を視野におさめている点は共通しているが，そこでなされている研究は早稲田大学や大学一般に限定されず，より広く小学校，中学校，高等学校，さらには社会教育にまで及んでいる。大学総合研究センターはなによりもまず，ほかならぬ早稲田大学の教育，研究，経営を質的に向上させるために，自律的・持続的な大学改革を推進することを目的に掲げている。

　このように，大学総合研究センターはもっぱら早稲田大学のために高等教

育の研究に取り組む組織ではあるが，そのためにこそ早稲田大学の外部環境も広く視野におさめた上で，高等教育に関する研究を行う。大学総合研究センターが設立されたのは2014年2月1日だが，その設立後まもない頃に，橋本所長の提案を記載した「大学総合研究センター　研究活動案」という文書が作成された。その冒頭には，「早稲田大学を題材としつつ普遍的問題への展開も視野に入れる」，「一般論の研究とその視点から見た早稲田大学を考える」という活動指針が記されている。本学内部の歴史や論理だけでなく，高等教育をめぐる外部環境をも射程におさめて調査を行い，その中に本学の現況を位置づけることで，研究の信憑性が高まる。したがって，大学総合研究センターで行われる研究活動は，本学における教育と研究のレベルアップに資するだけでなく，それ自体が高等教育に関する研究であることを誇ることができる。

大学総合研究センターは高等教育研究部門と教育方法研究開発部門という2つの部門から構成されている。

高等教育研究部門の活動内容は，本大学の入学試験を含む高等教育に関する研究および調査，本大学の社会的役割と教育成果に関する恒常的な評価・点検，本大学の自律的な大学改革の推進と自己点検・評価への支援，本大学の教育および経営に係る各種データの収集・分析ならびに提供である。高等教育研究部門は中長期的な視野で高等教育を研究する。

教育方法研究開発部門はFD推進センターと遠隔教育センターを発展的に統合した組織で，その活動内容は，ICT・遠隔教育を基盤とした教育手法の研究開発および普及促進，その他先駆的な教育手法に関する研究開発および普及促進，教員の教育能力開発に関する事業の企画および推進，授業改善のためのワークショップ・研修プログラム等の企画・開発および運営，教育内容公開に関する事項，授業コンテンツ制作のための著作権処理および授業コンテンツの著作権管理，国内外の教育研究機関および企業等との共同プログラムの実施である。教育方法研究開発部門はFD（Faculty Development）を現在進行形で推進する。

設立後ほぼ4年間の活動実績については，第3章でIR，第4章でFD，第5章でeラーニングやMOOCについての活動実績が詳述されるので，ここで

は高等教育研究部門が担当した，それ以外の主要な4つの研究を紹介する。

1 社会的評価における早稲田大学の位置付けと戦略的ベンチマーキングに関する研究——女子学生の進学動向をめぐって（姉川，2016）

男女共同参画とダイバーシティの推進は，Waseda Vision150にかかげられている核心戦略の1つである。本研究はこれを実現するための調査として，国立大学は官立大学に限定し，私立大学は総合大学で偏差値平均が60以上かつ収容定員が1万人以上の国内の大学30校を選び，先行データから指標を確定した上で，ベンチマークを行った。その結果，いずれの学部においても，他大学と比較した場合に本学の女子学生割合は低い傾向にあることがわかった。とくに一般入試による女子学生の入学比率が男子に比べて少ない傾向にあること，女子学生の出身地域としては関東圏が半数以上をしめていることなどが判明した。また，慶應義塾大学の類似の学部と比較してみると，本学は教員，事務職員ともに女性比率が低いことも明らかになった。その一方で，外国人教師割合や海外派遣学生割合などの国際性を表す項目に関しては，本学は比較的高い数値を示している。以上の研究から，女子学生の入学比率を高めるためには，ブランディングや入試戦略に，より積極的に取り組まねばならないことが確認された。この研究報告書は教務課に提出された。

2 本学学生調査の現状把握に基づく課題と今後の調査フレームワーク案に関する研究（姉川，2017）

大学内でさまざまな意思決定を行うためのIRを推進することは，大学総合研究センターに課せられたもっとも大きな役割の1つである。本学では38箇所（本学に設置されている組織の呼び方）において70種類以上ものアンケートが実施されている。データは多いが，それらが同じフォーマットになっていないことが，IRを推進する大きなさまたげになっている。IRを推進するためには，まず，学内で実施されている調査の内容について精査し効率化することが必要になる。その最初の取り組みとして，全学生を対象とした調査のうち，「学生生活調査」を分析対象として，不足している項目を明らかにした。そのために，他大学で行われている各種の学生関連調査の動向を，本

学の学生関連調査と比較した。その結果，設問項目や分析方法についての個別的な改善を図るだけでなく，毎年度同じ調査項目を設定することで時系列分析を可能にすること，および，入学時から卒業後までに学生追跡調査を行う必要があることが見えてきた。この研究報告書は学生生活課に提出された。

3　早稲田大学における全学教育のあるべき姿

　Waseda Vision150には，グローバルリーダーを育成するためには，「専門の力を活かす真の教養力を養う必要がある」，と記されている。そこにはさらに具体的に，教養力を育成するためのカリキュラムが，「いわゆる一般教養科目の羅列ではなく，基礎教育科目，外国語科目，および留学・ボランティアなどの体験科目で構成される全学共通副専攻科目群と各学部での専門科目群の総合によって教授するものである」，とも書かれている。本研究はこのコンセプトを国内の私立大学を比較対象にして分析し，それを実現に近づけるための方策を提案することを目的としている。調査・分析の結果，以下の提案を教務担当理事に行った。

　(1)　早稲田大学のすべての卒業生は，在学中は各学部に所属する学生だが，就職後はほかならぬ早稲田大学の卒業生とみなされる。早稲田大学の学生が専門の壁を超えて等しく身につけることができる「学士力」についての議論を，早稲田大学全体における教養教育との関連において展開し，その議論の成果を実現しなければならない。そのためには，これまでもっぱら各学部の内部で議論されてきた教養教育を，「学士力」という基準に依拠しながら，全学的な枠組で議論することが必要である。

　(2)　全学的に展開されるべき教養教育の科目群を設定するためには，広義のスキルを習得する科目だけでなく，〈卒業後を視野に入れた科目〉や，〈自分の専門とは異なる見方（view）を知る科目〉といった視点から科目群を整理する必要がある。したがって，教養教育を初年時の導入科目としてのみ位置づけるのではなく，学部高学年生や大学院生もが受講者となる高度教養教育を設置しなければならない。

(3)　全学的な枠組で教養教育を考える際には，「全学必修教養コア科目」のような科目群を導入する必要がある。これは，〈(大学生が身に付ける)汎用性の高い科目〉と〈早稲田大学独自の科目〉に区分して整理することができる。前者に属する科目としては，たとえば，外国語，ライティングスキル，数学，統計，情報，自校史教育などを，後者に属する科目としては，たとえば「権限なきリーダーシップ」を身につけるリーダーシップ教育などが挙げられる。また，学生や学部からの要望に対応するために，「全学必修教養コア科目」とは別に，「全学選択教養科目」を設置すべきである。

　(4)　学士力で提起されている，いわゆる「能力」コンピテンシーの問題や，3ポリシーの制定との関係で，早稲田の教養教育の学修成果を定めることも検討すべきである。

　(5)　早稲田大学の教養教育は，主に各学部とグローバル・エデュケーション・センターで展開されてきた。したがって，現在進んでいるグローバル・エデュケーション・センターにおけるカリキュラムの改革検討に重ねるかたちで，学部や大学院等の各箇所で展開されている「教養教育」を構成する科目群を含めて，「全学教養教育」を検討することが望ましい。

4　早稲田大学における学術院組織のあるべき姿

　学術院という組織の創設（2004年10月）は，早稲田大学が近年行った大きな改革の1つである。これに先立ち2001年10月から2002年7月にかけて，総長の諮問機関として設置された全学審議会（第4次）において，「学術院」という組織の創設がはじめて提案された。ほぼ15年を経た今，全学審議会の議論の過程をまとめた文書を読むと，そこでの議論が画期的であったことに驚きを禁じえない。この審議会の名称が端的に示すとおり，そこでの議論は「全学」的な観点からなされたからである。そこでは，①既存の学部，研究科，研究所を基礎単位とした「学術院」，②「学術院ネットワーク」，③「既存の全学部・研究科横断型の専門学術院構想」の3つの形態が議論の俎上にのせられていたが，結果として①の形態が選ばれた。議論は「全学」的な観点からなされたものの，最終的な着地点としては既存の縦割り体制が維

持されたと言ってもいいだろう。入学者数が自然減すること，補助金に頼ることがより困難になるであろうこと，早稲田大学が大学全体として（個別の学部として，ではなく）国際的な尺度で評価されるようになってきていることを勘案すれば，2004年の時点よりも，早稲田大学を取り巻く外部環境はよりきびしくなっていることは明らかであろう。このような外部環境の中でもなお，本学を在学生や教職員，受験生や研究者たちにとってより魅力的な大学にするための方策をさぐるために，学術院組織を再検討することが本研究の目的である。学術院という組織をもつ比較可能な大学はないものの，近年，京都大学など，教育研究組織を再編成した大学を先行事例として研究したのち，5回にわたる高等教育研究委員会での議論をふまえ，学生所属箇所（教育組織）と教員組織（領域）とを有機的に関連させつつ分離することが得策であるとの結論にいたった。教育面におけるメリットは，学部4年間を通じて展開されるべき教養教育の担当者を，学術院の壁を超えて恒常的に確保できること，未修外国語の選択肢を増やすことが可能になることなどが挙げられる。また，教育プログラムをフレキシブルに構築することが容易になる。教育プログラムの改変によって新しい学部を創設することが必要になった場合も，教員が担当する学部を変更するだけでよい。研究面におけるメリットは，研究力の強化である。同じ専門分野の教員が1つのセクションを構成することで，その専門分野における研究領域の配置を一望することができ，重複を減らすことによって，その専門分野の研究領域の幅を広げることも容易になる。このことによってプロジェクト的な研究を組織化することが可能になり，大型の外部資金を取りやすくなるはずである。加えて，大学院生に対する組織的・体系的な研究指導を行うことができ，研究者養成の機能が強化されることも期待できる。

　大学総合研究センターはようやく4歳になった。人間の年齢で言えばまだ子どもだが，この4年間をあらためてふりかえってみれば，橋本周司所長のもとで青年の活動ができたと自負してもよいだろう。この4年間の大学総合研究センターの活動は，大学で行われている授業を日々改善することにつとめるFDを推進する教育方法研究開発部門，大学を維持・発展させるための

IRを蓄積し全学的な観点から大学のあるべき将来の姿をデザインする高等教育研究部門という2つの車輪によって前進していた．今後は，この両輪の回転をさらに加速させ，たとえば，FDへの教員の関心を高めるために，授業改善は教育のためであると同時に教育と研究の環流のためでもあるということを示し，各箇所に温存されているIRの基礎となるデータを可能な限り収集し，新たなデータの規格の統一をはかり，学部，研究科，学術院の独立性と教員の自治を尊重しながらも，早稲田大学全体としての改革を提案しつづけなければならない．

【文献】
- 姉川恭子 (2016)「社会的評価における早稲田大学の位置付けと戦略的ベンチマーキングに関する研究」早稲田大学大学総合研究センター．
- 姉川恭子 (2017)「ベンチマークを通じて明らかにする早稲田大学の学生調査の課題」『早稲田教育評論』31(1), 73-83．

第2章

1990年代からの
高等教育改革政策を読み解く

吉田 文

　本章は，1990年代からの日本の高等教育政策を概観し，その意図や帰結を読み解くことを目的とする。1990年頃から，日本の高等教育政策は計画による管理から，改革による誘導へと変化し，また，大学の外形的管理から大学の内部活動の改革の誘導へと変化したと言ってよい。その背景や経緯をたどるとともに，それがどの程度大学において実施されるようになったかを検討することをもう1つのねらいとする。とくに，大学の「教育」改革に関する政策に着目し，その政策の帰結としての大学における普及の検討に関しては，FD（Faculty Development），ICT（Information and Communication Technology），IR（Institutional Research）を取り上げる。1990年代からの高等教育政策が，大学の「教育」改革に主眼があったことはいうまでもないが，その嚆矢が教員の資質向上，とりわけ教授能力の向上のための諸活動を意味するFDである。また，1990年代に人間の諸生活に急速に普及したICTは，教育の形態にも大きな影響を与えた。2000年代に入ると教授過程に加えて学習過程の改革が求められるようになり，そこで登場するのが学生の学習状況をエビデンスとして示すためのIRである。FD，ICT，IRは，1990年代以降の教育改革を概観するうえでの象徴的な位置づけをもつ事項であり，また，早稲田大学大学総合研究センターが注力している事業でもある。

1 高等教育計画

　大学の「教育」改革が政策課題になったのは，1990年代前後である。では，それまで日本の大学「教育」が問題とされなかったのかと言えば，そう

ではない。しかしながら、日本の大学の教育の在り方が問題とされつつも、それが大きな政策課題とならなかった理由はいくつかある。そのもっとも大きな理由は、大学は何と言っても成長産業であったことにある。1960年代からの高度経済成長期に即応して、急激に膨張する高等教育への進学需要を吸収したのは国立大学ではなく、私学であった。この期間に日本の私立大学は量的な比重を高めたが、他方で、多くは質的な配慮を欠いたままの規模拡大であった。すなわち、定員を大幅に超えて入学者を抱え、その状況は水増し入学と揶揄された。

こうした状況に楔を刺したのが、高等教育懇談会による1976年からの高等教育計画と1975年公布・1976年施行の私立学校振興助成法である。この2つの施策が高等教育の「教育の質」を考える契機であったということができる。

前者は、1976年度から1980年までの5年間（「昭和五十年代前期高等教育計画」）、次いで1981年から1986年度までの5年間（「昭和五十年代後期高等教育計画」）の2時点の計画により、常態化していた入学定員超過は是正され、加えて工業（場）等制限法を大学に適用することで、首都圏および近畿圏への大学の集中を抑制し、教育機会の地域間の均等を図ろうとした[※1]。総量を規制しつつ、その内部的配分を均等化する政策であった（表2-1）。

後者に関しては、「私立」という存在に公的助成をすることの是非が法的に問われたものの、急激な私学の膨張、しかも、定員を大幅に超えた入学者の受け入れという事態が生じていたことへの解消策として、学校教育法および私立学校法に定める教育施設においては、公の支配下に属するという解釈によって国庫補助がなされることになった。当初は、経常費の半額を補助することを目標としていたが、最大でも1980年の30%を超えることなく、近年では10%を下回るほどになっている。

しかしながら、これらの抑制策の効果は大きく、1970年代後半から80年代において高等教育進学率は33%程度で横ばい状態が続き、大学の地方分散も一定程度達成され、教育機会の地域間の均等化も進んだ。定員を適正規模に抑えることで大学教育の質の維持とする政策の意図は、一定程度達成されていた。したがって、それ以上に高等教育の「教育」のあり方が政策課題になることはなかったと考えることができる。

表2-1 これまでに策定された高等教育計画等の概要

名称	昭和50年代前期計画 （昭和51年3月高等教育懇談会報告） （昭和54年3月大学設置計画分科会報告） （後期）昭和56年度～昭和61年度	前期高等教育計画 （昭和59年6月大学設置研究懇談会 大学設置計画分科会報告）	平成5年度以降の高等教育の計画的整備について （平成3年5月 大学審議会答申）	平成12年度以降の高等教育の将来構想について （平成9年1月 大学審議会答申）
期間	（前期）昭和51年度～昭和55年度 （後期）昭和56年度～昭和61年度	昭和61年度～平成4年度	平成5年度～平成12年度	平成12年度～平成16年度
内容	18才人口がおおむね150～160万人台で推移することを考慮し、高等教育の将来の発展のための基盤整備を図ることに重点。 具体的には、 ①高等教育を高等学校卒業後の多様な教育形態を含む広い意味でのものとして把握し、その構造の柔軟化、流動化を促進すること。 ②大学、短大等の拡大よりも質的充実に努める。 　量的拡大は、原則として地域間の格差や専門分野の不均衡の是正、人材の計画的養成に必要なものにとどめること。 　工業（場）等制限区域などに指定された大都市における新増設は抑制すること。	高等教育計画に示された基本方向は維持しつつ、昭和61年度から平成12年度までの15年度の展望に立ち、当面、18歳人口がピークを迎える平成4年度までの期間について整備の方向を示す。 ①質的充実 ●開かれた高等教育機関とすること。 ●高等教育機関の国際化を進めること。 ●特色ある高等教育機関として充実すること。 ②量的整備の目途 ●18歳人口のピーク時である平成4年度においても暫定的な平成4年度の進学率（昭和58年度程度）の進学率（昭和58年度35.6%）を維持すること。 ●平成5年度以降平成12年度まで18歳人口が急減することにかかわらず、具体的な数値を設定。 ③地域配置の適正化 ●工業（場）等制限区域においては引き続き新増設を抑制。	前期高等教育計画に引き続き、平成13年度以降も長期的な展望にも留意しつつ、18歳人口が急減する平成5年度から12年度までの8年間における高等教育の規模の想定と整備の方向を示す。 ①今後の高等教育の整備の方針 ●高等教育の構造の柔軟化の促進。 ●大学・短期大学については、量的な拡大より質的な充実を図る。 ②質的充実 　教育機能の強化、世界的水準の教育研究、生涯学習の対応 ③高等教育の規模 　18歳人口が急減し、ピーク時の平成4年度に比べて規模の縮小が見込まれる平成5年度～12年度の期間においては、従来のような計画的整備目標を設定することは必ずしも適当とは言えない。そこで、今後の諸情勢の変化を踏まえ想定しうる複数のケースを規模の想定として示すことにより、高等教育の将来の継続性をある程度展望しうるようにする。このうち計画的整備については、引き続き、地域間格差の是正に努めるが、地方中核的都市及びその周辺地域での整備が重要。 ④地域配置	前提高等教育計画の基本方向を維持しつつ、我が国社会の活力ある発展の観点から、高等教育機関への進学意欲を積極的に受け止めながら、平成21年度までを視野に入れ、18歳人口の減少に伴い、志願率が上昇しても志願者数の減少が予想される平成12年度から16年度までの5年間における高等教育の規模の試算や整備の方向を示す。 ①今後における高等教育の発展の方向 ●18歳人口が減少する中、我が国社会の活力ある発展の観点から、高等教育機関への進学意欲を積極的に受け止める。 ●同時に、大学等の多様化と質的向上を図る。 ●18歳人口の減少に伴い、今後、大学等にとって一層厳しい環境が予想され、各大学等の自己努力が必要。 ②高等教育の規模に対する考え方 　進学率の上昇を受け止めつつ、教育の質を確保していくためには、進学率の急激な変化を避けることが必要。このため、大学等の全体規模及び新増設については、基本的には抑制傾向に対応。 ●地域間格差の是正のため、特に大都市においてはより積極的な保証に係る新たなシステムの構築について、 き、大学等の新増設を抑制。しかし、大都市抑制規制の具体的な在り方については弾力化。 （注）平成14年8月5日の中央教育審議会答申「大学の質の保証に係る新たなシステムの構築について」で、大学等の保証に係る規制については撤廃を提言 ●臨時的定員については、進学率、収容力とも、平成11年度を下回ることなく安定的に推移させ、平成12-16年度までの5年間で段階的に解消。 ・そのうち平成12-16年度として5割まで恒常定員化を認めることが適切。

出典：文部科学省 http://www.mext.go.jp/b_menu/shingi/chukyo/chukyo4/gijiroku/03062701/002/020.pdf

2　1992年問題

　「昭和五十年代後期高等教育計画」の終了後には、第2次ベビーブーマーの高等教育通過という課題が待ち構えていた。1960年代前半には第1次ベビーブーマーの高等教育通過があったが、その時とは異なる状況がいくつかある（図2-1参照）。

　第1に、第1次ベビーブーマーが高等教育を通過する時期の高等教育進学率は10%強であり、マーチン・トロウが言うところのエリート段階に相当し、進学率の抑制は大きな課題ではない。むしろ、増大する志願者をどのようにして受容するか収容力の拡大が課題であった。しかし、第2次ベビーブーマーの通過時はすでに35%程度の進学率に達しており、これ以上の進学率の上昇に対しては、懐疑的な議論が多かった[※2]。したがって、同程度の進学率を維持することを前提としたうえで、高等教育の規模拡大を図ることが課題となった。

　第2に、第1次ベビーブーマーの高等教育機関通過後に関しては、18歳人口は減少するものの安定的に推移することが分かっているため、それを前提にして抑制を図ることで質の維持が可能と考えられた。しかしながら、第2次ベビーブーマーがピークに達する1992年以降は、18歳人口の急減期に直面し、1992年の18歳人口は205万人、それが2020年代半ばからは100万人を切ることがわかっている。高等教育への進学需要が一定、ないし、上昇したとして高等教育が供給過多となることは明らかである。

　こうした2つの事態を乗り切る策が、1986年からの高等教育計画に求められた。「新高等教育計画」は1986年から1992年までの7年間の計画とそれまでよりも長期の計画となったが、それは第2次ベビーブーマーが高等教育機関を通過する1992年までを対象にしたからにほかならない。増大する高等教育需要を吸収する策として設けられたのは、恒常的定員と臨時的定員とに分けて定員増を図り、期間を限った臨時的定員は、第2次ベビーブーマーの通過後には解消することとして計画された。1992年の高等教育進学率が1986年と同程度のレベル（35.6%）になることを基準として、恒常的定員は42,000人、臨時的定員は約44,000人、合計86,000人の定員増が必要となっ

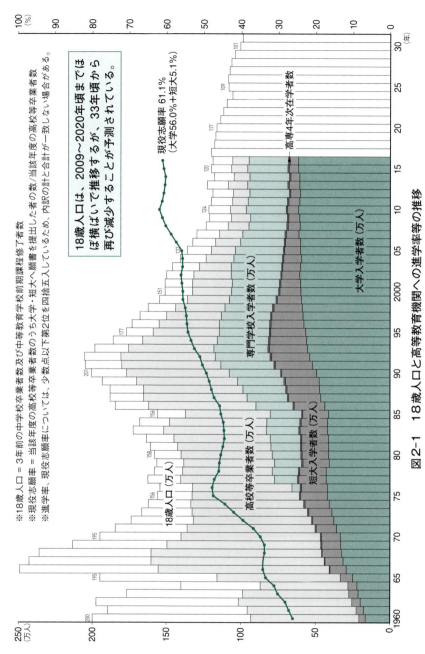

図2-1 18歳人口と高等教育機関への進学率等の推移

第2章●1990年代からの高等教育改革政策を読み解く

た。だが,予想以上に志願者が増加したことで,この計画の目標値はすでに1988年までに達成され,不合格者が多数出ることへの対応としてさらに定員増が図られ,結果として1992年には恒常的定員は78,000人,臨時的定員は113,000人,合計で191,000人の定員増となった。

問題はその後である。解消されるはずであった臨時的定員は,50%まで恒常的定員とすることとなり,大学の定員は大幅に増加したのである[※3]。他方で,18歳人口は急減する。したがって,大学進学率が上昇することは必定であった。進学率の算出方法はいくつかあるが,おおむね2000年代半ばには50%を超え,トロウの言うところのユニバーサル段階に突入する。定員を抑制することで,高等教育の質を確保するという政策は,ここで放棄されたと言ってよい。

加えて言えば,第1次ベビーブーマーの時期の高等教育機関は4年制大学と短期大学が並列している状況にあったが,第2次ベビーブーマーの到来時には,女子用の進路であった短期大学が減少し,高等教育が大学と等値される時代になっている。その点では,高等教育=大学として論じられる時代が到来したのであった。

3 規制緩和と評価

1984年から87年に設置された臨時教育審議会は,当時の中曽根内閣に直属する審議会であり,戦後教育の総決算を掲げて長期的な視点からの議論が進んだ。中曽根政権の規制緩和を旨とする方針は,この審議会でもベースに置かれ,その後の新自由主義的・市場主義的な教育改革の端緒となる[※4]。

高等教育に関しては,大学設置基準が緩和すべき規制とされ,とくに教育課程に関する基準の廃止が提言され,それは,臨時教育審議会終了後に設置された大学審議会がその方針を引き継ぎ,1991年の大学設置基準の大綱化をもたらすことになった。

定員拡大による大学進学率の上昇は,大学受験者の学力分布がどの時代でも同じだとして,従来よりも学力が低い層が入学することになる。ましてや,臨時教育審議会においては個性重視の原則のもと,ゆとり教育への流れ

が確立し、それは1992年度の学習指導要領に反映されて高校での学習量は減少した。これらが相俟って、大学生の学力低下が問題として論じられるようになる。

こうして1990年代以来、現在まで続いている、大学「教育」改革の時代が始まる。計画を放棄した文部科学省は、教育改革を誘導する。そして、それまでの量的な管理から、教授学習過程に関する質の改革を要請し、さらには、誘導政策をチェックする仕組みを構築する。量的規制はいわば入口の管理である。それに対して、誘導政策のチェックは、出口のチェックである。これはまた、新自由主義的な規制緩和政策が主流になりつつある当時の状況にも合致するものであった。

その出口のチェックに相当するのが「評価」である。1991年の大学設置基準の大綱化時には、自己点検・評価が推奨事項として記述された。それまでの日本の高等教育機関が、設立時に大学設置基準による厳格な審査をクリアすれば、その後の運営状況を評価されることがなかったなかで、自らが大学の運営を評価するという仕組みが初めて導入されたことは特筆に値する。

評価に関する政策的推移を図2-2からみると、1991年に推奨事項であった自己点検・評価は、「自己」のみの評価であることが妥当性を欠くと指摘されるようになり、外部から評価する仕組みの必要性が問われるようになる。そして、1998年には、自己点検・評価は大学の努力義務とされる。当事者である大学が実施した自己点検・評価は、学外者による検証を必要とするよ

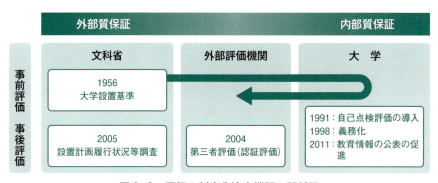

図2-2　評価の制度化決定機関の関係図

出典：筆者作成

うになった。ただ，その評価者は大学が選定する者であった。

　こうして外部評価が始まったわけだが，次には，大学自らが評価者を選定することが評価の客観性に影響を与えるのではないかという議論のなかで，当事者とは関係のない評価の専門家による第三者評価が望ましいとする議論へと推移していった。それが，2004年からの認証評価制度として制度化される。すべての高等教育機関は7年に1回（専門職大学院は5年に1回），文部科学省が認可している認証評価機関による受審を求められるようになった。内部質保証制度を外部質保証制度によって囲い込んだのである。

　内部質保証に関するもう1つの議論の流れは，大学の情報公開である。事前規制から事後チェックへという規制緩和の流れの中で，事後チェックのための情報公開の促進の必要性が議論され，2004年には内閣府に置かれた総合規制改革会議の「規制改革・民間開放推進3か年計画」において，大学の教育研究活動に関するより詳細な情報を具体的に開示することが求められる。それを受けて2005年の中央教育審議会答申『我が国の高等教育の将来像』においても，情報を公開することは社会に対する説明責任であるとされ，情報公開は機関の質の保証につながるものだと論じられた。こうして学校教育法施行規則が改正され，2011年からは，より多岐にわたる詳細な情報の公開が，法的に求められるようになる。

　とりわけ私学がどの程度安定的な財務運営をしているか，これまで秘匿情報であった財務情報の公開が義務づけられたことを指摘しておきたい。なぜなら，この当時すでにいくつかの私学は定員割れを起こし始め，それがそう遠くない将来の経営破綻につながることが危惧されたからであった。財務情報の公開の義務化は，被害者となる学生やその保護者に対する説明責任の意味をもたせたのだといってよい。

　自己点検評価にしても認証評価にしても，文部科学省が直接関与する評価ではない。それは，評価の中立性に関わるからである。しかし，2005年からはじまった設置計画履行状況等調査制度（通称「アフターケア」）は，文部科学省が自ら評価を行うもので，やや異質であることを断っておきたい。

　その背景は，2003年に大学設置基準がさらに大幅に緩和されて準則化したことにある。小泉政権下における規制緩和政策の推進のなかで，大学設置

基準は事前規制だと非難されたことによる。これによって，私学の設置は容易になり少子化が進むなかで，私立大学の増設がつづく[※5]。また，これまで参入を認められていなかった株式会社立の高等教育機関の設立が構造改革特区において認められ，株式会社経営をしている教育産業による大学設立も相次いだ。

このように大学設立時に大学設置基準によって歯止めをかけることができなくなった文部科学省は，一旦設立を認めた後に，設置時の計画の進捗状況を完成年度まで毎年チェックすることにしたのであった。7年に1度の認証評価を待ってはいられないという判断である。従来であれば，大学設置基準が果たしていた役割が，設立後に持ち越されたという位置づけになる。ただ，一旦設置を認めてしまったものを，設置後に取り消すことは極めて困難であり，実際には，数多く問題を指摘されつつも，それによって退場した大学は皆無に近い。

規制緩和によってはじまった大学を評価する仕組みは，事前評価から事後評価へ，外部質保証から内部質保証へと移行したが，認証評価制度や設置計画履行状況調査制度によって，大学の外部者による評価が制度化されたことで，自らによる質保証と外部からの質保証とが併存する形態で落ち着いた。

4 質保証 ── 教育から学習へ

質の保証という言葉が，高等教育の世界で頻繁に用いられるようになったのは，1991年の大綱化を皮切りとする。1991年の大学審議会の答申『大学教育の改善について』では，「大学が，教育研究活動の活性化を図り，質の向上に努めるとともに，その社会的責任を果たしていくためには，不断の自己点検を行い，改善への努力を行っていくことが必要である。」（高等教育研究会，1998, p.224）と自己点検評価の必要性が論じられているが，向上すべき質とは，教育研究の質である。

こうした論調は，その後の中央教育審議会答申でも継続している。2005年の『我が国高等教育の将来像』では，「本来，保証されるべき「高等教育の質」とは，教育課程の内容・水準，学生の質，教員の質，研究者の質，教

育・研究環境の整備状況，管理運営方式等の総体を指すものと考えられる。」（中央教育審議会，2005，pp.21-22）と，質の範囲は広く定義されているが，やはり教育が第1に上げられている。2008年の『学士課程の構築に向けて』（学士力答申）においては，「教育」をめぐって質の向上や保証は多用されている。単位制度の実質化，自己点検評価の厳格化，各種の教育方法，FD・SD（Staff Development），設置認可制度の準則化問題，第三者評価制度と分野別の質保証と大学のほぼすべての活動に関して質が問われている。また，2012年の『新たな未来を築くための大学教育の質的転換に向けて～生涯学び続け，主体的に考える力を育成する大学へ～』（質的転換答申）では，その名の通り，大学教育の質的転換を図ることで質の保証を行うことを求めている。

　この質という用語は，大学設置基準による基準のクリアのみを求められていた時代，高等教育計画によって外形的な管理がなされていた時代においては，文部省の文書，審議会答申などに見出すことはできない。文部（科学）省により直接の管理ではなく，大学が自己努力で改革し，「質」を確保・維持・向上させることが要請されるようになるのである。量的管理から質のチェックへの移行である。「質」とは改革の目的であり，「質の保証」は教育改革のキーワードとなった。

　さて，教育を「教授・学習過程」として捉えた場合，改革は「教授」の側面から始まった。FDに力を入れ，教育課程はナンバリングによって体系化し，授業のシラバスを作成して15回の授業内容や評価方法を明記し，アクティブ・ラーニングによる授業を展開し，オフィス・アワーを設けて学生の相談にのり，GPAによって学生の成績評価分布を均等にし，学生からの授業評価によってさらにFDを行うことで「教授」に関するPDCAサイクルを回すといった一連の改革が推奨された。改革の小道具とも称される，多くのアメリカ発のカタカナ語が導入され（中山，1995），当初は戸惑いが広がったが，それも次第に定着を見せていった。

　「教授」の改革が一段落すると，次には「学習」の改革が促されるようになった。その嚆矢は2008年の学士力答申である。「改革を通じて，学生の学習活動や学習成果の面で顕著な成果を上げてきたかという観点では，いまだ改革が実質化していない面も少なくない」（中央教育審議会，2008，p.5）と，

学生の学習面の問題と指摘され，「今後，学生による学習の成果を重視する観点から，各大学では，学位授与の方針や教育研究上の目的を明確化し，その実行と達成に向けて教育活動を展開していくことが必要」(同，p.10)とされる※6。ここでは，「学士力」と命名された，学士として共通に身に付けるべき4領域13項目の「能力」が提示された。

　その傾向は2012年の質的転換答申では，さらに強化される。「従来のような知識の伝達・注入を中心とした授業から，教員と学生が意思疎通を図りつつ，一緒になって切磋琢磨し，相互に刺激を与えながら知的に成長する場を創り，学生が主体的に問題を発見し解を見いだしていく能動的学修※7（アクティブ・ラーニング）への転換が必要である」(中央教育審議会，2012，p.9)と，知識の伝達・注入型の授業からアクティブ・ラーニングへと質的転換を図ることが要請される。

　さらに，答申では日本の学生の学修時間が短いことの問題を強く主張し，問題解決の諸方策として，教育課程の体系化，組織的な教育の実施，シラバスの充実，全学的な教学マネジメントの確立などが提示される。

　そのうえで，学生の学修「成果の評価に当たっては，学修時間の把握といった学修行動調査やアセスメント・テスト（学修到達度調査），ルーブリック，学修ポートフォリオ等，どのような具体的な測定手法を用いたかを併せて明確にする」（同，p.20）と，新たな評価測定の方法が紹介される。ルーブリック，ポートフォリオなどそれまでは広く知られていなかった方法が，これを契機に新たな評価方法として認識されるようになる。

　提供する教育の改革の場合，そのターゲットは教員である。教員が教育内容や方法に工夫を重ねることで，教育の質は向上すると考えられていた1990年代から，学生が主体的に学習しなければ，質保証はできないと論じられるようになった2000年代への移行は，教授から学習へという，ある意味自然な流れであるが，背後には，そうした移行への世界的潮流があることを指摘しておかねばならない。その1つの契機が，米連邦教育省長官のマーガレット・スペリングスのもとに置かれた委員会において2006年に出された*A Test of Leadership: Charting the Future of U. S. Higher Education*への言及である。スペリングス委員会では，アクレディテーション団体に対し

て，学生の学習成果を自己点検評価報告書の項目に付加することを提言し，なおかつ，その学習成果を問題解決能力や批判的思考力などの一般的な能力を測定する標準テストで測定し，標準テストの結果を予算配分に使用することにも言及した。

　ヨーロッパでは，ジェネリック・スキル（generic skill），転移可能なスキル（transferable skill）などと呼称されて，学問的知識の獲得だけでなく，何かができるための能力の獲得が，学習成果として求められた。これら欧米の大学における，学生の学習成果を一般的な能力，知識を活用する能力として測定し，それを大学教育の質保証の手段とするという動向から影響を受けている。

　結果として，2018年度からはじまる認証評価の第3サイクルにおいて，既に定めることが義務化されている3つのポリシー（ディプロマ・ポリシー，カリキュラム・ポリシー，アドミッション・ポリシー）と関連づけて，学生の学習成果の把握とその評価が評価基準として確立した。

5　競争的経費による誘導

　1990年以降の大学改革，とくに教育に焦点をあてた改革は，審議会答申とそれを受けての学校教育法や大学設置基準の改正という流れによって，当初の推奨から次第に義務化へという方向をたどることになった。こうした法令による縛りが「ムチ」だとすれば，競争的経費という「アメ」が用意されたことも忘れてはならない。そもそも研究に関しては，これまでも科学研究費助成事業などによって競争的環境のなかで行われてきたが，教育に関しては，個々の大学の経常費のなかで賄われるものであり，経費的にも内容的にも他大学と競争的な環境が形成されることはなかったと言ってよい。ところが，2000年代に入ると，教育改革のための競争的経費が創設された。これは，何らかのテーマが設定され，それへの申請，審査というプロセスを経て採択された大学に3～5年間の資金提供がなされるという形態をとって，現在に至っている。その嚆矢が2002年から5年間継続した「21世紀COEプログラム」である。

　図2-3は，文部科学省の競争的経費の総額の推移を示したものだが，その

うち，高等教育局分が「大学教育改革支援経費」であり300億円から500億円で推移している。この金額は文部科学省所管分の10％にも満たないのだが，これをめぐって大学は教育改革の経費獲得に励むようになる。とくに，国立大学の場合は，減少する運営費交付金を補填する意味でも申請は不可欠であり，さらには，法人評価，認証評価においては，これらに採択されているか否かが評価対象にもされるため，申請に必死である。

これらのテーマをみると，拠点形成をめざして大型経費を支給するプログラムと，比較的少額の経費で実験的教育改革を行うプログラムとに分けることができ，前者は研究大学用，後者は地方大学用と暗黙の了解による棲み分けが行われている。2000年代当初と比較して，近年その傾向は強化されており，機能別分化へと水路づけられていることが想定される。近年における前者の代表的なものが「スーパーグローバル大学創成支援事業」であり，後者が「大

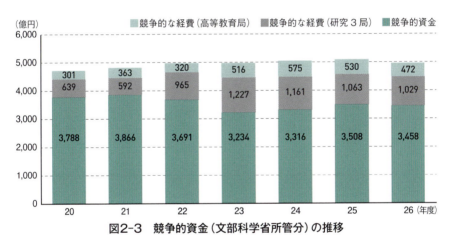

図2-3　競争的資金（文部科学省所管分）の推移

注1：「競争的な経費（高等教育局）」とは，「国公私立大学を通じた大学教育改革支援経費等」を指す。（競争的資金計上分を除く。）
注2：「競争的な経費（研究3局）」とは，科学技術・学術政策局，研究振興局，研究開発局所管の科学技術関係予算のうち，大学等の機関へ配分される，競争的な性格を有する事業経費を集計したものである。（競争的資金計上分を除く。）
注3：各年度とも当初予算である。「東日本大震災復興特別会計」は含めていない。
注4：競争的資金に含まれる科学研究費助成事業に関しては，平成23年度以降は予算額ではなく当該年度に助成する金額で計上する。

出典：競争的研究費改革に関する検討会（2015）「競争的研究費改革に関する検討会　データ集」http://www.mext.go.jp/b_menu/shingi/chousa/shinkou/039/shiryo/1358882.htm

学教育再生加速プログラム」であるといえば，イメージが容易になろう。

また，テーマが次第に特定化するとともに，審査基準の複雑化・数値化が進んでいることを指摘したい。たとえば，「21世紀COEプログラム」では，審査基準として「当該分野における研究上，優れた成果」としか記されていないが，「スーパーグローバル大学創成支援事業」では，42のチェックポイントが設けられ，それらの数値目標を定めて，その達成度が中間および最終評価で評価される。具体的にいくつかを列挙すると，外国人教員の比率，ガバナンス改革として年俸制やテニュアトラックの導入の程度，IRの実施状況などがあり，これらはいずれもそれまでの審議会答申において推奨されてきた改革事項である。客観的な評価基準，透明性の高い評価という声のもとに，改革の方向性は文部科学省，中央教育審議会で決められ，大学の独自の改革の創意工夫が削がれてきたということができる。

それは，実験的教育改革を行うプログラムでも同様で，2003年から5年間継続した「特色GP」では，審査領域は，総合的，教育課程，教育方法，課外活動，地域連携の5つに分けられ，そのどれかを選択して申請する方式が採用されていた。それが，「大学教育再生加速プログラム」になると，焦点化されたテーマ設定がなされるようになる。アクティブ・ラーニング，学修成果の可視化，入試改革・高大接続，長期学外学修プログラム（ギャプ・イヤー）などがそれであり，これら特定のテーマでもって公募がなされている。答申で推奨された改革の方向性は，競争的資金でもって誘導されているのである。

6　FD ── 教育改革の嚆矢

FDという言葉が審議会の答申にあらわれるのは，臨時教育審議会の第3次答申であろう。そこには，「教員の評価については，大学の自己評価の一環として，大学自身が教員の教育・研究上の活動，業績の評価に積極的に取り組み，教員の資質の開発向上（ファカルティ・ディベロップメント）に努めることが望まれる。」（教育政策研究会，1987，p.266）と記され，教員の資質の開発向上が求められている。これを受けて，1991年の『大学教育の改善に

ついて』においても,「学生の学習意欲の向上を図り,学習内容を着実に消化されるためには,大学の側において,教員の教授内容・方法の改善・向上への取り組み(ファカルティ・ディベロップメント),授業計画(シラバス)の作成・公表,充実した効果的なカリキュラム・ガイダンスなどを積極的に推進する必要がある。」(高等教育研究会,1991,p.11)とあり,FDはその後の教育改革の端緒となった。

その後もFDはたびたび改革課題として登場するが,次第に,組織的な取り組みとすべきこと,そのための具体的な方法が記されるようになる。1997年の『高等教育の一層の改善について』では,「従来,教育方法の改善は,多くの場合,個々人の努力によるものであり,その成果も個々の教員の情報に留まっていた。今後は,個々の教員のレベルだけでなく,全学的にあるいは,学部・学科全体で,非常勤講師の参加も得て,それぞれの大学等の理念・目標や教育内容・方法についての組織的な研究・研修(ファカルティ・ディベロップメント)を推進することが必要である。」(同,p.12)と,大学としての組織的なFDの必要性が論じられている。その翌年の1998年の『21世紀の大学像と今後の改革方針について』では,FDの実施に努めることを大学設置基準に明記することの必要性が説かれ,これを受けて1999年にFDは大学における努力義務となる。さらに,2007年には大学院において,2008年には学士課程において義務化される。

具体的な方法に関しては,新任教員の研修会,教員相互の授業参観,授業方法についての研究会などが推奨されるが,当初は講演会形式が多く,その問題が指摘されることもたびたびであった。

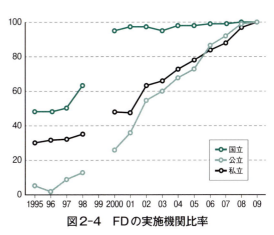

図2-4　FDの実施機関比率

出典:文部科学省(2001〜)「大学における教育内容等の改革状況について」,(〜2000)「大学資料」各年度.

図2-4は、1995年からのFDの実施機関の比率を設置者別にみたものである。FDが言われはじめた頃は、国立大学では半数程度が取り組んでいたが、私立の実施率は低く、公立はさらにそれよりも低いという状況が続いていた。1999年から努力義務となると、公立、私立の実施率は上昇をはじめ、2007年に義務化される頃には、ほとんどすべての機関が取り組むようになっている。1999年の努力義務化がFDの実施定着を推進させたとみてよいだろう。

　問題は、何をもってFDとするかである。図2-5にみるようにFD関連のセンターの設置率は、FD実施率と併行して上昇しており、学内にFDの実施に責任をもつ部署を置く機関が増加していることが示されている。

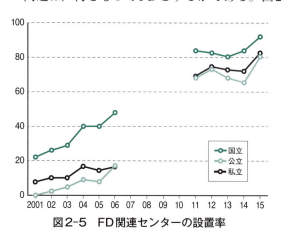

図2-5　FD関連センターの設置率

　しかしながら、FDとして何をしているのかを、講演会と教員相互の授業参観とを取り出して比較すれば図2-6と図2-7になるが、FDの講演会は当初より高くFDが啓蒙活動として始まったことがわかる。啓蒙ではなく、教員が自ら参加する形態が推奨されるようになり、講演会形式はFDが義務化されてから減少傾向にあるが、だからといって教員相互の授業参観が増加しているわけではない。FDが義務化の

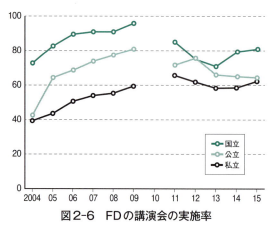

図2-6　FDの講演会の実施率

出典：文部科学省（2001～）「大学における教育内容等の改革状況について」、（～2000）「大学資料」各年度．

後は，むしろ減少傾向にある。

興味深いことに，FDは講演会にしても教員相互の授業参観に関しても，国立の実施率が公立や私立を凌駕していることは明白である。

また，確かにこれらは機関としての実施率を示しているものの，実際のFDが大学内でどの程度の広がりをもっているかは不明であり，FDに対する教員間の温度差は大きいものと推測される。

FDが一段落すると，次は，事務職員の職能開発（スタッフ・ディベロップメント，SD）が課題となる。SDに関しては，2008年の学士力答申においては，スタッフ・ディベロップメントという呼称こそ用いられていなかったが，大学事務職員の高度化，専門化が，FDと並んで求められている。その後，2017年からはSDも義務化されたが，すでに2013年には義務化をまたずに多くの大学がSDを実施している（図2-8）。

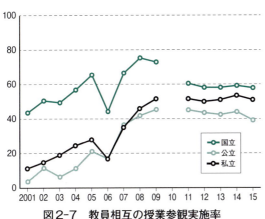

図2-7　教員相互の授業参観実施率

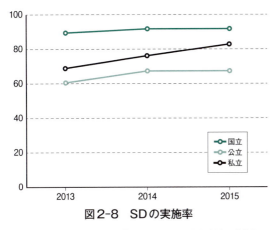

図2-8　SDの実施率

出典：文部科学省（2001～）「大学における教育内容等の改革状況について」，（～2000）「大学資料」各年度．

そのなかで公立の実施率が伸び悩んでいるのは，公立大学の事務職員は未だ地方自治体からの期限付きの派遣である場合が多く，それがSDの推進に向かわないためと考えられる。

7 ICT利用の遠隔教育── 裾野の拡大か教育の充実か

　今やそれなしには暮らせないインターネットであるが，それが一般に開放され，商用利用に供されるようになったのは1989年，最後の商用利用制限が撤廃されたのは1995年である。この20年ほどに瞬く間に普及を遂げ，社会の様々な分野における従来の活動形態を変えるようになった。教育もその1つである。とりわけ，高等教育の領域においては，教育を提供する教員と学習する学生が，時間と空間を共有しない遠隔教育という形態が古くからあるが，インターネットの出現はその世界を大きく変えることになった。すなわち，空間を越える双方向コミュニケーションを瞬時にして可能にするインターネットにより，時間を同じくする同期双方向，時間を異にする非同期双方向コミュニケーションのどちらも可能になり，教授・学習過程の双方向性を確保することでそれまでの遠隔教育の質を格段に高めることになった。

　こうしたインターネットの高等教育での利用は，アメリカにおけるバーチャル・ユニバーシティの登場に端を発するとみてよいだろう。時を同じくして誕生した，カリフォルニア・バーチャル・ユニバーシティ（1997年設立），ウエスタン・ガバナーズ・ユニバーシティ（1998年設立）であるが，前者は既存の複数の大学が提供する科目を累積加算して学位取得に至る道を構築し，後者は単位＝時間という概念を崩し，能力証明をもって学位取得が可能な方法を考案した。どちらも，成人を主たる学習者として想定していた。もともとアメリカでは25歳以上の成人学習者が学生数の40％程度を占めており，彼／女らの多くは職業生活・家庭生活を抱えてフルタイム学生になることが困難である。パートタイム学生になる，遠隔教育を利用するなどによって学位取得を目指している者にとって，キャンパスに足を踏み入れることなく，また，職業生活を中断することなく，学習を継続できるインターネットによる教育配信の利便性は高かった。

　アメリカ社会におけるインターネット利用の遠隔教育はeラーニングと呼称されて普及していった。表2-2のように単位取得プログラムの在籍者は，学士課程全在籍者の20％にまで拡大している。それと比較するとすべてを遠隔教育で履修する学位取得プログラムの在籍者は多くはない。

これらのプログラム在籍者の属性をみると、40%が24歳以上、80%が職業についており、成人学生の需要を満たすものであることが明らかである。学生が在籍する機関の種別をみると、35%が公立の2年制機関、35%が営利機関で占められ、公立の4年制機関在籍者は18%、私立の4年制機関在籍者は12%でしかない。公立2年制機関（多くはコミュニティ・カレッジ）、営利大学は、職業と関連の深い教育を提供するケースが多く、そうしたことが成人学習者の需要を満たしているということができる。また、インターネットの普及と営利大学の増加は軌を一にしており、インターネットによる教育提供は、大きなビジネスチャンスでもあった。

表2-2　アメリカ高等教育学士課程における遠隔教育在籍者（%）

	1999-2000	2003-2004	2007-2008
単位取得プログラム	8	16	20
学位取得プログラム	2	5	4

出典：National Center for Education Statistics (NCES)(2012).

単位取得・学位取得を目的としたインターネットによる教育提供が、公立2年制機関や営利機関で多く提供されていたことと対照的に、研究大学はそれとは異なる形態でインターネットを利用した。その代表がOCW（Open Course Ware）とMOOC（Massive Open Online Courses）である。

OCWは、マサチューセッツ工科大学（MIT）が2001年に開始した、すべての授業の資料をweb上に無償で公開する取り組みである。シラバス、配布資料、講義ノートなどから、講義ビデオまで掲載されている内容は多様である。ただ、これを閲覧しても、MITの単位が取得できるわけではない。教室内の授業の状況は履修者にしかわからないというこれまでの閉じた状況から、全世界に公開することでMITの教育の質の高さを知らしめ、MITのブランドを高めようとする試みといってよい。

興味深いのは、このOCWは一種の運動のようにアメリカのみならず世界に展開したことである。OCWの世界的なコンソーシアムであるOpen Education Consortiumのもとには、現在42の地域が参加している（http://www.oeconsortium.

org/members/）。

　MOOCは，このOCWの延長にある。OCWが授業で用いる資料の公開だとすれば，MOOCは授業そのものの無償公開である。アメリカでは2008年頃からこの概念が提唱されはじめ，2012年には授業を提供するいくつかのプラットホームが設立され，スタンフォード大学，ワシントン大学，ミシガン大学，MIT，ハーバード大学，ボストン大学，カリフォルニア大学バークレイ校などの名だたる研究大学の授業が世界のどこからも無償で提供されるようになった。OCWが掲載のみであったことと異なり，MOOCは授業の閲覧に加えて，受講期間中の質疑への参加や課題の提出などが可能であり，いくつかは単位や学位の取得も可能になっており，より大学の機能を強くもつようになっていることに特徴がある。世界の受講者は4,000万人に上るとも言われている。

　こうしたアメリカでの状況からすれば日本におけるeラーニングの進展の速度は遅い。もともと成人の学習者が少なく，ほとんどがフルタイム学生で占められている状況において，eラーニングの利便性を享受する者が多くはないからである。日本では，通信制の教育課程が通学制のそれとは異なる制度として設定されていたこともあり，ICTの高等教育での利用が政策課題になることはあまりない。

　しかしながら，日本社会におけるICTの急速な浸透，アメリカにおけるeラーニングの普及は，高等教育の世界におけるインターネットによる教育提供を議論せざるを得ない状況に追い込んだといってよい。

　1997年には，『「遠隔授業」の大学設置基準における取扱い等について』として答申が出され，通学制の課程においても124単位中30単位までが遠隔授業によって単位取得することが可能になった。しかしながら，「適正な教育上の配慮の下に行われれば，直接の対面授業に相当する教育効果が見込まれるが，現時点では，まだ実績が少なく，教育効果の問題等について未知数な面がある。したがって，学生の卒業の要件として修得すべき単位数のうち「遠隔授業」によって修得する単位数については慎重な取扱いをすることとし，当面，一定の制限を設けることが適当である。」（教育政策研究会，1987, p.300）といった慎重論が付されていた。その後，60単位まで遠隔授業

による履修が可能になったが，通学制の課程においては遠隔授業のみで学位取得することはできない。

他方，通信制の課程においても，従来30単位は面接授業という対面状況による授業の履修が求められていたが，それがメディアを利用して行う授業において双方向性が確保されれば面接授業と見做され，学位取得が可能となっている。

図2-9は遠隔教育を提供している通学制の機関数の比率であるが，国立で半数強，公立や私立では20％程度にとどまっている。また，この遠隔授業の実施の内実をみると，実施率の高いものはLMS（Learning Management System）の利用（50％），ブレンディド・ラーニング（対面授業と遠隔教育とを組み合わせた授業）（44％）と並ぶが，他方でeラーニングは28％にとどまる。フルタイム学生に対しては，教室の授業が最善であり，その補助が各種のメディアとされていることがわかる。

OCWやMOOCに関しても，日本はアメリカから数年遅れで開始した。OCWに関しては，2005年に日本オープンコースウェア連絡会，翌2006年に日本オープンコースウェア・コンソーシアムが発足し，そこに旧帝大を中心とした研究大学が参加して始まった。参加大学は22機関にとどまり，2012年現在，公開されているコース数は日本語が2,600弱，英語が500弱であり，増加傾向にはあるがそれほど多いわけではない。JOCWのサイトの閲覧者数も40万人程度で伸び悩んでいる（http://www.jocw.jp/AboutJOCW_j.htm）。コースが増加しないことが閲覧者数の停滞を招いているのか，そもそもOCW

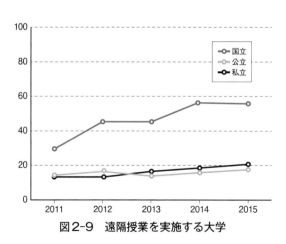

図2-9　遠隔授業を実施する大学

出典：文部科学省（2001～）「大学における教育内容等の改革状況について」，（～2000）「大学資料」各年度．

のような試みに興味関心を抱く者が少ないのか、アメリカにおけるOCWの位置づけとは異なる。

MOOCに関しては、その日本版としてJMOOC（一般社団法人日本オープンオンライン教育推進協議会）が設立されたのは2013年であり、4つのプラットホームから講座が配信されている。受講者数は50万人程度と言われている。また、アメリカのプラットホームであるCourseraやedXから講義を配信している大学もあるが、爆発的な広がりをみせるほどではない。

日本の場合、提供内容の多くが日本語であることが、海外の需要を引きつけることにつながらない大きな理由である。加えて、アメリカをはじめとする海外の場合、再学習をする成人学生が多いが、日本では就業者の再学習の習慣がないことが、これらの試みが拡大しない大きな要因と考えられる。

8 IR──データ分析にもとづく戦略計画

IR（インスティテューショナル・リサーチ）という言葉は、2010年前後から日本でも用いられるようになった、最新の改革課題である。言うまでもなく、アメリカの高等教育における取り組みを輸入した新規の概念であった。

それが、なぜ、この時期に日本で用いられるようになったのかは、これは改革課題が教授から学習へと推移したことと無関係ではない。学生の学習成果をめぐる議論が盛んになるにつれ、学習成果をエビデンスで示し、それをもとに大学の教育方針を策定することが必要と認識されるようになったのである。アメリカにおけるIRは、学生の学習に関する側面を取り扱っているわけではない。教務に加えて財務も含む大学の運営全般に関する情報の収集と分析、分析にもとづく計画立案を幅広く行う。しかしながら、日本に導入されたIRは学生の学習に特化している状況にあるのは、上述の導入時の背景が大きく関係している。教学IRという呼称が用いられるケースがあるのも、こうした理由による。

IRに関する専門組織を設けている大学は国立では半数を超えるが、私立は30%程度、公立では10%に届かない（図2-10）。ただ、私立の場合は、専門組織ではなく委員会方式によってIRを実施しているところも多い（図

図2-10　IR専門の担当部署設置率

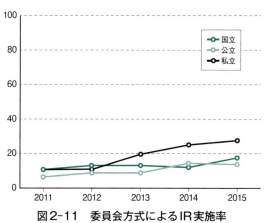

図2-11　委員会方式によるIR実施率

出典：文部科学省（2001～）「大学における教育内容等の改革状況について」，（～2000）「大学資料」各年度．

2-11）。きわめて短期間にIRは普及しているといってよいだろう。

その背後には，IRの推進が，各種の競争的資金の獲得における評価項目に入っていること，第3期の認証評価において学生の学習成果の可視化が項目として加えられたことなどがあり，どの大学もそれに向かって走り出しているからである。

ある意味，やらねばならないことが上から降ってきたなかでの取り組みであり，果たしてそれを大学の運営方針を定めるための根拠資料として用いるスタンスが確立しているかといえば，不十分といわざるを得ない。

ただ，1990年からの大学改革のなかで，日本の大学は評価対応として各種データの蓄積をはじめており，その分析に関しても学内の各所で行ってきている。これらの活動を総称し，意識化，組織化するためにIRという呼称が付与されたのであり，全く未知の活動というわけではない。これらをどのように定着させていくかが課題である。

9 大学教育関連センター

　日本の大学で，高等教育に関する研究センターが設置されたのは，広島大学の大学教育研究センター（現・高等教育研究開発センター）が嚆矢であり，1972年に遡ることができる。大学紛争を契機に大学問題を調査研究するための組織であり，専任の教員を置き大学内外の研究者との協力でもって研究が進められている。それに次ぐのが，筑波大学の大学研究センターであり，1986年に設置された。この2つが長らく，高等教育の学術研究を行う研究センターとして東西に並立していたが，高等教育に関する研究も，こうしたセンターも市民権を得るには至らなかった。

　その構造が崩れるのは1991年の大綱化である。北海道大学，東京大学，名古屋大学，京都大学，大阪大学，神戸大学，九州大学など，旧帝系をはじめとする大規模国立大学に，大学教育関連のセンターが設置された。これは，大綱化によって廃止された教養部が原資となったケースが多い。これらのセンターは，広島や筑波と同様に研究機能をもつとともに，他方で学内の教養教育の調整など学内業務を担う役割を与えられる場合があった。まだ，この当時は，私立大学でこうしたセンターをもつところはきわめて稀であった。

　大学教育改革が進展するにつれ，大学教育関連のセンターの設置は，地方国立大学や私立大学へと広がっていった。2008年になされた調査によれば，その時点で約70大学にこれらのセンターが設置されている（岩谷，2008）。これらのセンターは，高等教育の研究を行うセンターではない。多くが，自校の要請に応じた調査，学生支援，カリキュラム調整など，教育の全学的なマネジメント部門としての役割を与えられている。センターが増加するとともに，その役割は研究から教育支援へと推移したのである。研究機能ではなく教育支援機能が期待されるようになると，自ずからその視野は学内に限定されていく。

　早稲田大学の大学総合研究センターの設立は2014年であり，かなり後発の部類に属する。「研究」という言葉こそ用いられているが，センターのミッションは，「本学の教育，研究，経営の質的向上に資する自律的・持続

的な大学改革を推進」することにあり，広く高等教育の学術研究を行うことではない。学術院所属の教授・准教授が兼担し，専任の教授・助教・助手は任期付きである。10名ほどの教員が，学生約5万5,000人，教職員約5,500人（専任教職員約2,000人）という巨大組織のあるべき将来の姿をデザインすることは容易ではない。それを踏まえての，今後の活動を見通すことが求められている。

【注】
※1：その後も高等教育計画は継続されるが，高等教育機関に対して影響力があったのはこの2回である。
※2：第2次ベビーブーマーに対する定員拡張の議論が，1986年の進学率を維持することを前提になされたこと，その証左となろう。
※3：この間の経緯に関しては，合田（1999）に詳しい。
※4：高等教育における本格的な規制緩和は，2000年代初頭の小泉政権時に着手された。その代表的なものは，国立大学法人化（2004）と認証評価の制度化（2004）である。
※5：この時期に新設されたのは，小規模，かつ，設置地域が地方であるケースが多く，教育の質とともに財務状況の悪化が当初より危惧された。そのことが，2011年の情報公開の義務化へつながる1つの要因でもある。
※6：これが3つのポリシーの関する提言の端緒であり，結果として2016年の義務化につながる。
※7：この答申から「学習」に代わって「学修」が用いられる。それは，大学設置基準上，大学での学びは「学修」としていることによる。

【文献】
- 天野郁夫（2013）『大学改革を問い直す』慶応義塾大学出版会．
- 中央教育審議会（2005）『我が国の高等教育の将来像』http://www.mext.go.jp/b_menu/shingi/chukyo/chukyo0/toushin/05013101.htm（2018年7月20日）
- 中央教育審議会（2008）『学士課程教育の構築にむけて』http://www.mext.go.jp/b_menu/shingi/chukyo/chukyo0/toushin/1217067.htm（2018年7月20日）
- 中央教育審議会（2012）『新たな未来を築くための大学教育の質的転換に向けて～生涯学び続け，主体的に考える力を育成する大学へ～』http://www.mext.go.jp/b_menu/shingi/chukyo/chukyo0/toushin/1325047.htm（2018年7月20日）
- 福原美三（2006）「日本におけるオープンコースウェアの現状と課題・展望」『情報管理』49(6)，301-312．
- 岩谷信（2008）「各大学の「大学教育センター」系組織とその特色――本学の「教育力の向上」を目指して・準備資料」http://www.tohoku-gakuin.ac.jp/facilities/institute/education/pdf/pub08_04.pdf（2018年7月20日）
- 高等教育研究会（1998）『大学審議会答申・報告総覧――高等教育の多様な発展を目指して』ぎょうせい．
- 合田隆史（1999）高等教育計画・財務研究会講演録 第Ⅰ集「大学の財政と設置形態」国立大学財務経営センター，pp.212-245. http://www.niad.ac.jp/media/001/201802/nd001009.pdf
- 教育政策研究会（1987）『臨教審覧』第一法規出版．
- 三尾忠男・吉田文（2002）『FD（ファカルティ・ディベロップメント）が大学教育を変える』文葉社．
- 宮川繁・高木和子（2004）「1年を経たMITのオープンコースウエア」『情報管理』46(12)，797-803．
- 文部省（1993-2000）『大学資料』．
- 文部科学省（2001-2015）『大学における教育内容等の改革状況について』．

- 中山茂（1995）「大学の「小道具」概説」『IDE　現代の高等教育』365，5-12．
- National Center for Education Statistics (2012) Learning at a Distance: Undergraduate Enrollment in Distance Education Courses and Degree Programs. https://nces.ed.gov/pubs2012/2012154.pdf（2018年7月20日）
- 日本オープンコースウエア・コンソーシアム．http://www.jocw.jp/AboutJOCW_j.htm（2018年7月20日）
- Open Education Consortium. http://www.oeconsortium.org/members/（2018年7月20日）
- The Secretary of Education's Commission on the Future of Higher Education (2006) A Test of Leadership: Charting the Future of U.S. Higher Education. https://www2.ed.gov/about/bdscomm/list/hiedfuture/reports/pre-pub-report.pdf（2018年7月20日）
- 東京大学（2014）『大学におけるIR（インスティテューショナル・リサーチ）の現状と在り方に関する調査研究　報告書』http://www.mext.go.jp/a_menu/koutou/itaku/__icsFiles/afieldfile/2014/06/10/1347631_01.pdf（2018年7月20日）
- 吉田文（2003）『アメリカ高等教育とeラーニング』東京電機大学出版局．

第 2 部

第3章

早稲田大学における分散型IR

姉川恭子・沖 清豪・永間広宣

1 はじめに──IRはなぜ求められたのか：大学総合研究センター前史を読み解く

　アメリカにおいてIR（Institutional Research）と呼ばれる大学自身による大学内の諸活動に関するデータ収集・分析が意識的に実施されるようになったのは1970年代とされている。一方でIR的な機能を個別大学のアンケートに求めると，学生調査や卒業生調査といった各種の活動の端緒は20世紀初頭までさかのぼる（岡田・沖，2008）。こうしたアメリカにおけるIR活動の概要は日本国内で2000年代中盤以降高等教育研究者が注目し，多様な側面から言及してきた。さらに2010年代に入ると実際にIRを担当する部局を設置する大学が増加し，あるいはIRを担当する教職員の研修や実践報告が増加してきている。日本において大学改革を語る際に，IRやその担当部局の発展は不可欠なものとなっているのである。

　この間，そもそもIRとは何かについての議論・解釈がアメリカの先行事例を参考にしつつ進められてきた。現時点でも担当者や研究者によって定義のぶれがあるものの，個別大学が自らの大学の特性を確認し政策立案・実行に資するために，学内の多様なデータを収集し，分析する機能をIRと呼ぶことが一般的である。その調査対象は教学から経営，研究まで大学の諸活動のすべてを対象としつつも，大学自身の理念を踏まえて，教育重視，経営重視などといった形で，データの収集・分析対象が多様化しているのが現状である。

　では日本ではIRはなぜ導入され，かつ2010年代中盤以降急速に多くの大学で実践され，対応する組織が置かれるようになってきたのであろうか。あるいはIRという多義的な概念が日本の個々の大学においてどのように理解

され，改革が進められてきたのであろうか。

一方，早稲田大学においてIRが具体的に言及されたのは大学総合研究センターの設置目的が初となったが，それ以前にもIR的な活動がなかったわけではない。特に戦後の大学改革期においてデータ収集・分析の機能が大学として意識的に実施されてきており，現在からみてもその先進性は高く評価できるものである。ここでは，まず日本におけるIR導入の背景とその展開を確認し，そのうえで早稲田大学におけるIR的な活動の歴史を紐解いてみたい。

2 日本におけるIRの特質

日本のIR導入についてはまず高等教育研究者によりアメリカにおける実践例が注目されたことが端緒となり，その後やはりアメリカの事例を踏まえてIRの機能としての学生調査の重要性が語られ，その後現在のように多様な領域でIRが実践されてきたという歴史的経緯がある。まず，こうした歴史的展開を概説したうえで，合わせて近年における導入の急速な進展の裏側にある政策的な動向も確認することとしたい。

1　IRの背景――研究対象から実践課題へ

日本におけるIRは，はじめに研究対象として「何であるのか」を理解することが先行し，その後現在まで「どのように実施するか」が実践課題として問われている。時期ごとにこうした変化を確認してみよう。

IR前史・勃興期としての1970年代～2005年

管見の限り，高等教育研究の領域でアメリカにおけるIRについて初めて言及したのは，喜多村（1973）である。喜多村はその問題意識からアメリカにおける大学の自己研究を，高等教育全体を対象とした研究（Research on Higher Education），大学の管理運営をめぐり実際的な課題をめぐるデータを収集する調査（Institutional Research），および自己点検・評価をも意識した自己研究（Self-Study）に類型化し，IRが高等教育研究とは関連しつつ文脈の異なるものであることを指摘していた。

既に第2章で言及したとおり，日本の高等教育研究を担う組織は，広島大

学の大学教育研究センター（現高等教育研究開発センター）が1972年（前身の大学問題調査室は1970年）に，筑波大学の大学研究センターが1986年に開設されていたものの，自己研究を組織的に実施する研究組織の設立は1990年代を待たねばならなかった。結果的にIRの重要性についても理解が進むことはなく，1990年代の大学設置基準の大綱化および大学自己点検・評価の時代を迎えることとなったのである。

1991年の大学審議会答申に基づく自己点検・評価が各大学に要請されるようになると，まずは誰がどのような権限で大学内のデータを収集して報告書を作成するのかが課題となった。大学によってその対応状況は異なるが，対応部局を設置したなど，「学内のデータを収集する」という限定された範囲ではあるが，各大学におけるIR機能の端緒となったのである。

IRの「再発見」（2005〜2010年）

認証評価制度が導入された2003年以降，学内データの収集・整理の必要性が改めて意識されるようになる中で，スウィング（2005）等によってIRの特質や意義が日本に本格的に紹介されることとなった。こうした動向に対応する形で，名古屋大学の評価情報分析室（2001年設置）をはじめとして，IRという名称を明確に使用していなかったとしても，機能からみてIR的活動をしているとみなしうる組織が設立されており（青山，2006），特に国立大学を中心としたIRの状況については小湊・中井（2007）が，私立大学の状況については沖（2008）がそれぞれ調査結果を報告している。

こうした動向の中で，高等教育研究者内では，IRとはそもそも何であるのかに関する基礎的な研究（沖・岡田，2011など），経営を評価するための指標の検討（小湊，2005など），教員の活動に関するデータと経営に関するデータの収集・処理方法（佐藤ほか，2009など），およびデータ収集方法と教学改善の面から国際比較に基づく学生調査の重要性に焦点をあてた調査研究（山田，2009など）が進められ，その成果が報告されてきた。

IRの本格化（2010年代）

2010年代に入ると，IRをめぐる状況も大きく変化した。大きな流れは以下の5点である。

第1に，IR部局を設置する大学が急速に増加してきている。2013年の文

部科学省委託調査では回答した大学の約4分の1でIR部局ないしその機能を担う部局が設置されている（東京大学，2014，p.42）。さらに後述する政策的な誘導を通じて，競争的資金に応募を考えている大学において，どのような形であれIR部局を設置していることが事実上の要件となった結果（文部科学省，2017b，pp.6-7），2015年時点で30％の大学でIR部局が設置されている（文部科学省，2017a）。

第2に，大学間連携による学生調査とそのベンチマークとしての活用が徐々に普及してきている。2009年の平成21年度「大学教育充実のための戦略的大学連携支援プログラム」では同志社大学を代表とする4大学による「相互評価に基づく学士課程教育質保証システムの創出」，および関西国際大学を代表とする4大学による「データ主導による自立する学生の学び支援型の教育プログラムの構築と学習成果の測定」という2件の共同プログラムが採択された。これらはいずれも学生調査に基づき学習成果を測定し，質の保証を目指す取り組みであった。前者は現在も大学IRコンソーシアムとして多くの大学の参加を得て学生調査とベンチマークを実施している。

また，山田礼子同志社大学教授の研究グループ（Joint Student Achievement Assesing Project：JSAAP）は，これまでの国際的な学生調査の研究成果を基に日本版学生調査を開発し，現在複数の大学に提供している。

これらはいずれもアメリカ型学生調査とそれを用いたベンチマークにより，自大学の学生の状況を比較検討し，その特質を踏まえて教育改善に資するものとして想定されているものである。

このようにIRは，教育・経営改善という目標に対して，学内のみでデータを収集・分析するだけで不十分な場合には，積極的に大学間連携や全国学生調査に参加し，必要なデータを収集・分析するという取り組みも含んでいるのであり，それはアメリカでも同様である。

第3に，IRを担当する教職員の間でも研修や研究開発を通じての組織化が進められている。2007年には九州大学を中心に大学評価コンソーシアムが組織化され，この活動の延長に2014年度からはIR実務担当者連絡会が開催され，IR担当者間の情報交換や研修が実施されている。

第4に，IRを実践するための教科書的な書籍が刊行されてきている。IR担

当者の国際学会であるAIRでのマニュアルを翻訳したリチャード（2012）を嚆矢として，実務者向けのアドバイスを編纂した中井・鳥居・藤井（2013）や小林・山田（2016），実際の指標設定例を領域ごとに提示した松田・森・相生・姉川（2017）といった書籍が刊行されており，上述の研修と合わせて，担当可能な教職員の養成が急速に進められている状況にある。

第5に，これまで比較的教学IRという名称から教育・学生に焦点化されてきた大学や研究が多かったのに対して，さらに経営面や研究面でのIRの活用を本格的に進める大学が増加している。現在活動がもっとも注目されている佐賀大学のIRでは，KPI（Key Performance Indicator）を設定して教学（教育），学術（研究），社会貢献，および経営基盤についてのデータ収集と分析が実施されており，学内の意思決定の支援業務に従事している（佛淵，2015など）。

2　政策としてのIR

以上のようなIRの導入史やその発展状況を確認してみると，政府・中央行政による政策的誘導もまた無視できない要因となっていることが明らかである。ここでは以下の点から政策とIR導入との関連性を確認する。

1991年の大学設置基準の大綱化に合わせて，日本の大学には自己点検・評価が求められることとなった。現時点から振り返ると，この時期こそIRの必要性が認識されるべき端緒であったと思われるが，この当時学内の情報を収集して分析し，政策に立案することを組織的に行おうとしていた大学はほとんど見られなかった。結果的に本来「大学評価政策としてのIR」の必要性が認識されることはほとんどないまま2000年代を迎えることとなった。

こうした動向を転換させたのが2008年の中央教育審議会における『学士課程教育の構築に向けて（答申）』であった。この答申では学士課程改革を進めるために教職員，特に事務職員の専門職化が求められ，その一環としてIRの重要性が認識されるようになったのである。具体的には「大学の諸活動に関する調査データを収集・分析し，経営を支援する職員」（中央教育審議会，2008，p.41）という表現でIRおよびIRに従事する教職員の職能開発の重要性が公的に言及され，その後のIRへの関心を高めることにつながってい

る。ここで「職員の専門職化の一環としてのIR」という観点が示されることとなった。

　一方，2009年には前述の通り同志社大学と関西国際大学それぞれを代表とした学生調査の活用を目指した共同プログラムが，文部科学省主導の「大学教育充実のための戦略的大学連携支援プログラム」に採択されている。これらは大学改革，特に教学改革における手法のGood Practice（GP）として評価され，他大学の参照とされることとなっている。こうした間接的なIR誘導策が中央行政レベルで採られている点も注目される。

　さらに2010年代を迎えると，世界的な質保証（quality assurance）動向を背景として，日本国内でも大学の内部質保証が求められることとなり，その状況を確認する方策として「内部質保証としてのIR」が導入されてきている（髙田，2016）。

　こうした動きと国からの競争的資金配分策が結びつくことで，IR組織の設置が競争的補助金を申請するにあたっての事実上の条件とされることになった。たとえば全学的かつ組織的に特色化・機能強化に向けた改革を進めている大学に資金支援を行う目的で制度化された2017（平成29）年度の私立大学等改革総合支援事業では，タイプ1「建学の精神を生かした大学教育の質向上」の支援を受けるための調査票の中で，「全学的な教学マネジメント体制の構築」の改革状況の一環としてIR部署の設置の有無および専任教職員の配置状況が問われている。この項目で満点の5点を取るためには「専門の担当部署の設置＋専従の専任教職員の配置」が必要であり，条件の充足状況で得点が削られ，部署の設置も専任教職員の配置もない場合は0点となって，助成を受けるためにはIR部局を設置し，そこに専従の専任教職員を配置することが事実上必須となっている（文部科学省，2017b，pp.6-7）。

　2010年代中盤以降のIR組織の急速な新設は，こうした政策の強い誘導があったことも見過ごせない。では実際にIRはどのような特質をもって実施されてきているのであろうか。

3　日本的IRの特質

　IR自体は世界的な潮流となっており，日本独自のIRと呼べる活動が明確

にあるわけではない。もちろん，これまでの導入の経緯もあり，アメリカにおけるIRの特徴を意識してIRを導入している大学が少なくない。そうした点も含めて，あえて日本的IRの特質を考えると，以下の点を特質として挙げることができるであろう。

　第1に，導入の背景自体が特徴的であったといえるだろう。日本の場合にIR導入の直接的な経緯となったのは，それまで教員の業績に関する十分なデータ収集ができていなかったことを背景としつつ，大学自己点検評価や認証評価への対応に必要となるデータ収集の合理化を目指して，九州大学等を典型とした教員の研究データベースの充実を目指した活動が端緒であった。これは，ファクトブックを作成する，あるいはアクレディテーション対応としてのデータ収集と整理というアメリカにおけるIR部局の活動を反映するものといえるであろう。

　一方，欧米においてIRや学生調査が注目された背景の1つは，リテンション（残留）率の問題である。すなわち学生の中退が問題となり，どのような学生が退学するのか，対応策を考えるために教学に関する情報が必要となったからである。もちろん日本においても2010年代以降，こうした観点からの研究や実践が蓄積されている。特にアメリカにおける全国的な学生調査であったNSSE（National Survey of Student Engagement）やCIRP（Cooperative Institutional Research Program）の日本版を開発するための基礎研究は，初年次教育とIRの必要性を明確に示すものとなり，現在までJSAAPや大学IRコンソーシアムの諸活動につながっている。

　日本におけるIR導入の特質として，こうした2つの大きな流れが統合される形でIRの必要性が認識され，IR活動が大学教育改革の鍵として位置づけられるようになったのである。

　第2の特質として，国立大学が2000年代に先行して実施し，公立・私立大学が必要性に迫られてコンソーシアムに参加する，あるいは小規模な部門を設置するなどの対応を2000年代後半から進めてきている点を指摘できる。ただし，現在まで個別大学内におけるデータ収集に特化しがちである点を課題として指摘することができる。現時点では参加大学数や学生数との兼ね合いで，全国統一的な学生調査への参加が十分とはいえず，特に学生の特性を

より深く分析するにあたり必要となる大学間のベンチマークの充実が今後の課題となっている。

第3の特質として，特に私立大学における規模別の設置状況やニーズに関する大きな違いが生じている点を指摘できる。日本の場合，大規模私立大学ではIRに積極的な場合が多いのに対して，小規模で近年創立された私立大学の場合，学長の関心の低さや教職員不足の観点からもIRを実施することが困難な状況となっている。ただしこれはアメリカでも小規模大学における課題として従来から言及されている点でもあり，日本的というよりも国際的に共通する課題とも言えるだろう。

第4の特質として，IRに関する理解度が必ずしも高まらないままに権限なき業務の肥大化のリスクが明らかとなっている点である。これはIR部局に情報収集・分析だけでなく政策立案まで課すことを当然視する文化が背景にあるものと考えられる。政策立案に貢献できるアドミニストレーターとIRを担当する専門職の棲み分けもまた必要に応じて行っていかなければならない。

3 早稲田大学におけるIR的活動の勃興期
―― 昭和30年代から昭和末期における調査研究

さて，本章第2節で言及したとおり，2010年代に入ってから多くの大学でIRの担当者が置かれ，何らかの形でIR部局が組織化され，データの収集・分析が進められている。早稲田大学でも明確にIR部門の機能を意識して大学総合研究センターが設置されたのは2014年である。しかし当然ながらデータを収集し，分析するといったIR的な活動がそれまで行われてこなかったわけではない。そもそも大学総合研究センターでIR活動を開始するにあたり全学的なデータ収集の実施状況を確認した際には，重複するものを含め多種のアンケートが実施されていることが明らかとなっている（姉川，2016）。

では早稲田大学の場合，大学総合研究センター設立までにIR的な活動はどのように展開されてきたのであろうか。本節ではその端緒といえる学生生活調査と入学者研究を振り返り，さらに大学全体の中長期計画策定にあたってIRの必要性を提唱した事例を紹介することとしたい。

1　学生実態調査

アメリカにおける状況や日本における学生調査の充実がIRとして認識されてきたという経緯からも明らかであるように，自学の学生の状況を正確に把握することは大学教育改革における必須の要件である。

早稲田大学における学生生活実態調査の第1回は1957（昭和32）年度に実施されている。第2回が1960（昭和35）年度に実施され，時間をおいて第3回が1967（昭和42）年度に実施されて以降，2001年度に実施された第20回の調査報告まで隔年で実施され，その後は毎年調査が実施されている。

第1回の学生生活調査は，「本大学の学生々活の実態を把え（ママ），適切なる厚生補導対策を樹立するための基礎的な資料を提供する」ことを目的としたものであるとされ，特に経済面に関する調査項目が多くなっていると説明されている（早稲田大学学生部，1957，p.5）。調査項目を踏まえた報告書の構成は「学生の身上」「学生の家庭」「学生の生活状況」「学資の収入状況」「学資の支出状況」「学生の職業」「学生のアルバイト」「学生の健康」「奨学金」「女子学生について」からなり，現在の調査では尋ねることが困難になっている家庭の経済状況や保証人の学歴なども尋ねて集計されている点が注目される。

2　入学制度研究

現在IRの中でも繰り返し言及され，山形大学をはじめとした大学間連携の中でも入学者の状況を把握し卒業につなげているための状況把握・指導を行っていくエンロールメント・マネジメント（Enrollment Management：EM）と呼ばれる活動が注目されている（福島，2016など）。

早稲田大学では1950年代から入学試験関係と就職状況については毎年継続的に調査されてきた。現在も入学者対象の調査が入学センターにより，また進路状況調査がキャリアセンターによって実施されている。そのうち，入学試験関係の調査は継続的に行われ秘密扱いの学内資料として保存されてきたようである。

早稲田大学調査部が作成した『昭和二八年度入学試験に関する綜合調査』

では，「1　出身校種別志願者数及び入学者数」，「2　年齢別応募者数及び入学者数」，「3　出身府県別志願者数及び入学者数」，「4　家庭の職業別志願者数及び入学者数」，「5　志願者実数及び学部別志願者数」，「6　志願者及び入学者の進適成績と入試成績との関係」，「7　志願者及び入学者の入試選択科目と合格との関係」，「8　志願者及び入学者の浪人入試成績と現役入試成績との関係」，「9　高位合格者と入学手続との関係」，「10　入試成績と入学後の学業成績との関係」，および「11　高位入学者に対する奨学金適用状況」が調査項目として挙げられており，1から5までが第一輯，6以降が第二輯として編まれている（早稲田大学調査部，1953）。

　これらの調査項目は現在の観点からみても入学者分析において重要なものであり，当時の関係者の意欲や力量を示すものとなっている。

3　教務に関する調査

　1955（昭和30）年に教務部は「昭和二十九年度　教務に関する調査（第一集）」を作成している。この資料は新制大学設置当初からの数年間での学科課程，学生数，施設・教室の使用状況，および教員組織や授業担当状況の変化についてデータを整理したものである（早稲田大学教務部，1955）。

　その後の教育条件の改善のための基礎資料という位置づけと考えられるものであり，まさにデータの収集・分析の一事例となっている。

4　調査部門の存在と継承部局としての大学史資料センター・レファレンスルーム

　上述の入学試験や入学者に関する調査は著者が「調査課」となっており，表紙には「調査資料　第74号」との表示が付されている。早稲田大学における調査部門の歴史を探索した大佐古（2002）によると，早稲田大学の調査部門は戦前から断続的に確認されており，1952年には教務部から独立して調査部が設置されている。その後1965年には教務部から総長室に機能が移管され，1971年には企画調査課が部として独立している。

　結果的に，特に戦後1946年から1996年代にかけて150を超える調査報告が刊行されている。前述の入学試験や入学者に関する年度ごとの調査もまた，この調査報告の1つであった。

大佐古は「早稲田大学の調査部門は，あくまで自大学の運営や改革に補佐的役割を果たす役割の方が色濃く，いわば「ローカリズム」の立場に立っていたということができる。そして，学術研究（コスモポリタニズム）の立場としての活動はほとんどみられない」（大佐古，2002，p.61）と本調査部門の役割を捉えているが，この説明自体が本学におけるIRの出発点がこの調査部門であったことを示しているといえるだろう。

　なお，この調査部門は現在2つの継承する流れがある。1つが経営企画課をはじめとして学内各箇所に置かれている企画・調査部門・課である。もう1つは，1969年に発足した大学問題研究会（大問研）および1970年に発足した大学問題研究資料室を経て，現在は大学史資料センターの一部門となっているレファレンスルームである。レファレンスルームが担ってきた資料収集機能を今後どのように活用していくかもまた，本学の高等教育研究やIRにとっての課題である。

5　大学中長期計画策定におけるIRと高等教育研究の必要性

　調査データの収集分析は限定的であるが実施されてきた。それらを有機的に統合するために必要となるのが高等教育研究の充実，教育改善のセンター機能の充実，そしてデータを収集・分析する組織の統合であった。早稲田大学の場合，こうした動向は2000年代後半からようやく全学的に議論されることとなり，大学総合研究センター設置につながっている。

　Waseda Next 125と呼ばれる中長期計画は，授業評価の実践やその結果を学生と応答するなど興味深い取り組みも実施されつつ課題も残され，その課題への対応が現在のWaseda Vision150に結実していると見ることができる。その1つが自学にとって有益な大学研究を行う研究組織の発足であり，とりわけIR部門の設置であった。

　Waseda Next 125の作成にあたって，著者[※1]は説明会の折や学内の研修・研究会の機会を通じて，早稲田大学内に大学研究を実施する部門とIRを実施する部門の2つの必要性を発信し，Waseda Next 125の中間報告に対するパブリックコメント募集にあたり，2007年10月に以下の3点の意見表明を行った。

第1点目は，本学の使命（mission）の確認，十年計画を通じた達成目標の提示，そして直近の2年に関する具体的計画と達成目標の提示とその財政的裏付けの提示が必要との指摘であった。

　第2点目は，ライティングセンター，FDセンター，初年次教育に関するセンター，学習面の相談に関するセンター，早稲田健康環境会議，さらには高大連携室や校友連携のための部局等までを包括する「学習（ないし学生）支援センター」を教務部・学生部の連携の下で構築すること，そして入学前から卒業までの一貫した学士課程教育の改善を図るための仕組みづくりに関する提案であった。

　こうした意見と合わせて，第3にIR部門の必要性を指摘している。

　　（前略）……中長期の計画立案，特に教育面での改革を進めていくに当たっては，客観的で正確な現状認識・把握が必要不可欠であり，そのための基礎的データや継続的調査が必須のものと考えます。その点で他大学の先導的事例も参考にしながら，IR部局（Institutional Research Office, 大学の自己調査・研究組織）の必要性を改めて提起させていただきます。

(沖，2007)

　これらの提案は，いずれも大学改革が進められる中で，大学内外で意識されてきた課題を整理したものであり，その後のWaseda Vision150の策定や実践にあたり多くの仕組みが何らかの形で実現されてきている。

4　早稲田大学におけるIRのかたち

　早稲田大学内では，学生生活実態調査，入学制度に関する調査，あるいは教務に関する分析などを1950年代から進めてきたという蓄積が存在していた。あるいは大学改革をめぐる全学的な議論をすすめるにあたって学内に情報収集部門を継続的においてきたという経緯もある。こうした情報収集機能から情報の分析へと一歩進めたのが，IR部門の役割である。

　大学設置基準の大綱化や個々の大学における自己点検・評価の努力義務化以降，大学教育改革の必要性やその基盤の重要性に対する理解が深まっていくことを通じて，恐らく2010年頃を境にして学内における高等教育研究を

充実させることの重要性やIR活動の集約的な実施が教学改革につながるという共通理解が深まったものと思われる。2014年の大学総合研究センターの設置やその機能としてIRを位置付けることも，こうした意識の転換に基づく必然であった。

本学において情報収集機能から情報の分析へと展開していく過程において，事務職員が積極的に関与することになるのは自然な流れだったのかもしれない。伝統的な研究大学では，全学的な意思決定や新しい施策の推進において，学部の壁が障害となることは少なくない。そのような場合，一教員（あるいは一組織）が全学的な教務データや学生情報を扱うのは忌避される傾向にある。本学においては，国内外の職員研修の充実や大学院での学びを志向する事務職員の存在を背景に，学部の枠を超えた改革の必要性を事務職員の一部に認識させたことは，本学のIRの中心となるのが事務職員であることの理由の一つと言えるだろう。大学行政管理学会での事務職員の活躍や人事部の企画立案研修（WISDOM研修 2006～2016年）を見ても分かるように，現在本学で推進している「分散型IR」を担うに相応しい人材がいたことは，本学でIRを始めるにあたって大変有利であった。

以下では，早稲田大学においてIRを推進していくにあたって，2014年2月以降，「誰が」（本節「1　組織」「3　人材育成，マニュアル」）「何を」（本節「4　取り組み事例」），「どのように」（本節「2　システム，ツール」）進めてきたのかを振り返りつつ，現在抱えている課題と今後の大学総合研究センターの果たすべき役割についてまとめたい。

1　組織

学生約5万5,000人，教職員約5,500人（専任教職員約2,000人）を抱える大規模私立大学でIRを推進していくにあたりどれだけ多くの部局の協力を得られるかは，最初に取り組むべき重要な課題であった。早稲田大学のIRを学内では「分散型IR」と呼んでいるが，本来，アメリカで使われてきたような分散型IRの意味合いとは若干異なる。本学では，IR機能を中央集権的に総長室や理事会直下等に置く形態を取るのではなく，各部局で自立的・自発的にIRを推進していく形を「分散型IR」と定義し，現在，この実現を目指し

てプロジェクトや人材育成を進めている。本部系組織と学術院という体制や複数のキャンパスの存在を考えると，中央集権的に行うことは事実上不可能に近く，裏を返せばこのような体制を取らざるを得なかったとも言える。

全てを各部局に任せるというわけではなく，大学総合研究センターは必要に応じて部局の垣根を超えて取り組むべきプロジェクトに関与したり，IRを必要として手を挙げた部局に対しサポートやコンサルタントの役割を果たすことで，各部局のハブとなってIRを推進していくこととなった。図3-1はIR推進時の大学総合研究センターと関係部局との関係を表したものである。大学総合研究センターは各部局を繋ぎ，必要に応じて連携を深めながら，この連合体で出した結論を，執行部へ提案するというのが1つの重要な役割である。

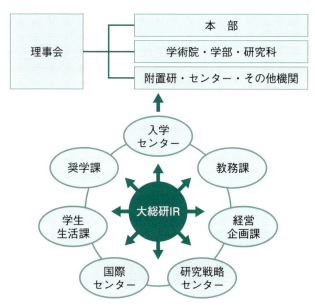

図3-1　IR推進時の大学総合研究センターと各部局や意思決定機関の関係図

この図の下部分の連合体を実現させるために立ち上げたのが，「IR担当者連絡会」と呼ばれるバーチャルな組織である。「IR担当者連絡会」は，議長にセンターの副所長（教育・総合科学学術院 吉田 文教授，2018年3月時点），副

議長に兼任センター員の教員（文学学術院 沖 清豪教授，2018年3月時点）を据え，IR担当のセンター講師1名と各部局の中堅以上の事務職員，もしくはその部局で扱うデータに詳しい事務職員を集めて定期的に開催されている。開始当初は2ヶ月に1回の開催であったが，2016年度より毎月開催している。

その主な目的は，分散型IRを推進していくにあたって必要な情報共有を行うこと，各部局のIRに関連する取り組みの紹介や議論を行うこと，IRの考え方や必要な知識を習得し，学内への普及に努めることなどが挙げられる。

IR担当者連絡会を設置するにあたって参考にしたのは，佐賀大学のIR体制であった。佐賀大学は，学長の元にIR室が設置されている点で早稲田大学と組織体制は異なるものの，関係部局から選ばれたメンバーにより構成されるIRのための組織を立ち上げ，定期的に活動報告や情報共有を行っている（佛淵，2015）。

本学のバーチャルな組織である「IR担当者連絡会」の立ち上げに先立ち，まず行ったのは，事務職員間の「根回し」である。当時の事務長と担当職員が中心となって，関連部局の状況をヒアリングし，IRを必要としているかどうか，IRとみなされる活動を既に行っているかどうか，今後IRを進めるための協力要請など，まずは本部系の部局を中心にニーズを聞き出すことを始めた。IR担当者に必要な能力とは何かを検討する際，「コミュニケーション能力」をその要件にあげる場合がある。本学においても，まさに最初は，丁寧に要望や現状把握のためのヒアリングを進めることから始まった。ヒアリングを行うにしても，IRとはそもそも何で，なぜ必要なのかについて理解してもらわなければならない。もちろん，普段からコミュニケーションが取れていなければ，本音を聞き出すことも難しい。再度強調したいのは，これらのヒアリングを行ったのが全て事務職員で構成されたメンバーであった点である。

ヒアリングと前後して行ったもう1つの最初の活動は，「IRに関する実態調査」である。IRを実際に推進していく前に，既に行われているIRとみなされる活動がどの程度行われているか明らかにすることを目的とし，その中でも「アンケート調査」や「データ収集」に焦点を当てて調査を行った。と

いうのも，本学においては，長年，アンケートによる情報収集やデータ分析業務は部署毎に行われ，その全体像を把握できていなかったからだ。そこで，学内における情報収集ならびにデータの統計・分析業務の実情について把握するために学内の全部署を対象として行ったのが，「IRに関する実態調査」である。

　センター所属のIR担当教員を中心に調査設計を行い，2014年12月，大学総合研究センターの事務局より全部局を対象としてメールにて調査を実施した。調査項目については，調査名称や調査目的，回答率や実施方法など，データ収集・分析活動を尋ねる14の設問項目を設置し，約1ヶ月間の回答期間を設けた。調査結果によると，2014年時点で，38部署において70種類以上も実施されていることが明らかとなった。そのうち，全学生を対象として実施されているアンケートは，「学部1年生向けアンケート」，「学生生活調査」，「学生授業アンケート」，「情報環境利用に関するアンケート」の4つである。それ以外は若干対象が異なるものの，内容が重複するものが多く見られた（姉川，2016）。

　このように，IRネットワーク構築のためにIR担当者連絡会を設けつつ，早稲田大学のIRの実態を把握するところから始まったのである。

　こうして分散型IR体制は構築されたが，現段階（2018年3月）で本学には，佐賀大学のような，確立された意思決定の仕組みが存在する訳ではない。たとえば，奨学課のプロジェクト（88頁参照）は，6月に開始してから約4ヶ月かけて行われ，最終的には奨学課員や学生部長，学生担当理事を含めたメンバーでその結果を共有，議論を行った上で今後の奨学金政策のあり方について検討が進められた。その他，現在進行中のEMIRプロジェクトにおいては（92頁参照），IR担当教員が教務部内の会議に出向き，EMIRの必要性や卒業生調査の内容，附属・系属校調査の協力を訴えるなど，その都度必要に応じて必要な会議体や委員会で議論や結果の共有を行っている状況である。

　図3-2は，IR機能を中心的に担っている大学総合研究センターの高等教育研究部門と，大学執行部等との関係を表した図である。まず，大学総合研究センターの所長は副総長かつ学事統括担当常任理事であり（2018年3月時点），副所長は各学術院から選出された教員から成る。総長や学長直下にIR

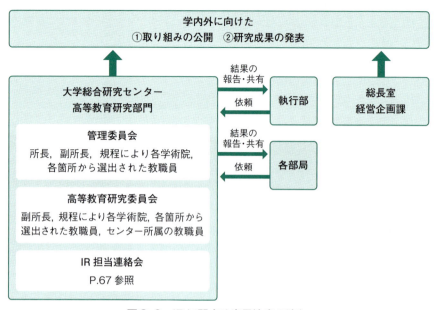

図3-2　IRに関する意思決定の流れ

機能を置くケースも多い一方で、IR機能を担う大学総合研究センターのトップは「副総長」であり、大学総合研究センター自体は本部系組織からも独立している。かたや、総長室には経営企画課という別の組織が設置されている点も本学の特徴の一つである。経営企画課は、主に本学の中長期計画であるWaseda Vision150の進捗管理や、世界大学ランキングの対応などが主な業務内容となっており、一般的にIRの一貫として行われる業務内容も多く含まれている（コラム「世界大学ランキング振り返りのすすめ」参照）。

この体制に対しては、いくつかの批判もある。そもそもIRとは「組織の調査・分析を行い、大学の意思決定や政策決定に反映する」ことが目的であるにもかかわらず、その意思決定プロセスや機関が流動的であって良いのか、経営企画課とどう役割分担しているのか、などである。序章でふれたとおり、IR機能を高等教育研究部門内から独立させることも視野に、今後、各部局の果たす役割を整理していく必要があるだろう。

また、現在、早稲田大学には研究戦略センターや前述の経営企画課及び財

務部が中心となって研究IRや経営IRを進めているが，人的資源の制約もあり，これらの部門との連携にまで至っていないのが現状である。

　学長や理事会からの指示においてトップダウンでIRを進めていく大学も少なくない中で，本学のIRの特徴の1つは，事務職員を中心に行っている点とも言えよう。時間はかかるが，各部局の自発的な取り組みをサポートしつつ学内にIRを推進していくために必要な人材を育成していくことは，長期的な視点で，恒常的なIR実施に不可欠である。本学では2017年度より，そのためのマニュアル作りや，研修の計画を既に始めている。人材育成の詳細については，本節「3　人材育成」において説明する。

Column　世界大学ランキング振り返りのすすめ

　本章で指摘している通り，IR（Institutional Research）は「これだ」と断定できる定義はないのが実状であろう。ただ，世界大学ランキングへの大学対応はThorpe（1999）が述べたいわゆるIRの「外部レポート」機能として見るとわかりやすい。グローバル化が進む世界，そして日本でも，国際的研究拠点や留学生獲得を目指している大学にとっては，ランキング調査対応が必要不可欠となっている。国際大学ランキングの歴史的萌芽は2000年代初頭にあり，その後各国高等教育政策や商業主義的色彩を帯びながらグローバルな国際的潮流にのり，一層注目度や認知度を高めてきた。

　早稲田大学には，国際化を促進してきた経緯も影響してか，上海交通大学（ARWU）はじめ海外のランキング機関から，当初よりレポート調査問合せがあり「国際部」が対応していた。問合せ項目数や調査機関数自体の増加，"国際ランキング"結果の影響力の高まりを受け，「総長室経営企画課」に連携後は業務移管した。この対応部署の変化は，各種世界大学ランキングの特徴や特質，動向を含めた理事会報告という，ある意味で「内部レポート」機能も有することになったといえよう。そしてこれが，本学理事会の基本方針，「順位に一喜一憂せず，ある一つの指標結果として結果を正しく分析し，課題認識しその対策を講ずることが重要」という終始一貫した姿勢を確立する契機となったように思う。

　このような研究・教育を根本に据えた基本姿勢があってこそ，2012年に策定したWaseda Vision150は，研究力強化事業やスーパーグローバル大学創成支援事業といった国内の外部環境変化に際しても，それら事業を内包でき，その中で世界大学ランキングの活用を戦略的に位置づけることができたのではないだろうか。

　無論，ランキングについては利害関係者も多く，それぞれの立場の違いから，過去から現在に至るまで賛否両論である。マスコミの影響で結果に一喜一憂する場面も増えた。ただ，ランキング指標の算出の仕組みについて客観的に理解し説明できる人の論調はまだまだ少ない気がしている。このコラムを機に，頭の体操だと思って統計学の知識を借用しつつ「指標」の実態を正しく把握し，その歴史的変遷をも振り返ってみてはどうだろう。〔中山勝博〕

【文献】
Thorpe, S. W. (1999). The mission of institutional research. Paper presented at the 26th Conference of the North East Association for Institutional Research.

2 システム，ツール

　IRの推進には組織体制の構築に加え，システムの開発・導入が重要な役割を担っている。本節では，2014年の大学総合研究センター設置より少し遡り，どのような経緯でIRに活用されるシステム開発が行われてきたか，その背景とともに振り返る。

　IRを推進するにあたってきわめて重要なポイントとなるのが，分析に必要なデータをいかに漏れなく収集し，効率よく分析を行うかという点である。本節では早稲田大学におけるIRデータ分析のプラットフォームとして構築されたIRシステムの概要について紹介する。

　早稲田大学のIRシステムは，データの集積を担う統合データウェアハウス（DWH）と，分析ならびに可視化を担うSAS Visual Analytics（以下，SAS VA）からなる。

統合データウェアハウス（DWH）の構築

　IRの推進にあたっては分析に必要なデータをいかにして収集するかという課題が常につきまとう。IR部門を立ち上げて体制は整備したものの，いざ分析する段階でデータ所有部門からの協力が得られず，必要なデータが収集できないという話は珍しくない。IR部門が学内のデータを自由に扱えなければ，IR部門の果たすべき業務が根本的に実施できなくなる。早稲田大学でIR部門の体制整備に先行してデータ分析環境の構築が進められたのは，そのような状況を回避することが狙いであった。

　言うまでもなく大学における「データの持ち主は誰か」という問題は多様な視点でとらえる必要がある。早稲田大学における学生の個人情報を例にあげた場合，元々の情報の所有主体である学生から情報を収集するものであるが，情報収集主体として情報管理の責任を負うのは学生所属学部（学部長），情報を格納する各種データベースの管理責任は情報システム部門である情報企画部としている。一方，入学時に学生個人より「大学における教育ならびに学生指導を目的とした情報利用」については包括的な許諾を得ており，IRでの利用はこの目的の範疇と捉えている。しかしながら，分析の都度，情報管理責任者に情報提供を依頼するのは現実的ではなく，またその時々の

判断により十分な協力が得られない状況も想定される。このような背景を踏まえると、IR担当者が常に必要な情報にアクセスできる環境を実現するために統合データウェアハウス（DWH）の構築は必須条件であった。

表3-1　統合データウェアハウス（DWH）集約対象データ一覧（抜粋）

対象システム	データ項目の例
教学システム	学科目配当情報、シラバス情報、履修成績情報、教職等資格取得状況、学費関連情報、学籍異動情報
学生支援システム	奨学金情報、進路決定報告情報、サークル情報、セミナーハウス利用状況、健康診断結果、スチューデントジョブ関連情報
授業支援システム	LMS内に蓄積された学習履歴情報（出席状況、レポート・小テスト等の点数、BBS発言内容、コメントなど）
研究支援システム	研究課題情報（採択年度、研究期間、研究代表者、申請額など）、研究者業績情報（研究者DBプロフィール情報）
入試システム	志願者基本情報、入試成績
校友システム	校友会員基本情報、稲門会情報（稲門会基本情報、所属会員）
人事システム	教職員基本情報、人事異動（嘱解任）情報、人事考課関連情報
財務システム	取引情報（入出金）、予算計画・実績、資産情報（動産・不動産）
国際交流システム	協定校、受入外国人研究員情報、留学生情報（受入・派遣）
その他	各種アンケートの回答データ等データベースに登録されていないデータ（手動で登録）

さいわい早稲田大学では、1990年代後半より基幹業務システムをWeb化しており、その過程において各種システムで取り扱うデータベースの仕様を統一していたため、データベースを集約すること自体は比較的容易であった。しかしながら「何を」「どこまで」集約するかということは大きな課題であった。システムの仕様検討開始段階では大学総合研究センターはまだ設置されておらず、具体的なIRの方向性が定まらない中で必要な情報を選別することは困難を極めた。あわせてデータウェアハウス（DWH）構築後に

集約対象データを拡大する必要が生じた場合には，その都度システムを改修する必要があることなどから，基本的には対象データは選別しないこととした。また，データベース化されていないデータ，例えば学内で個別に実施されているアンケートの回答データ等についても適宜取り込むことを可能とすることで，柔軟に対応できる環境を構築することを目指した。

次に問題となったのは，「誰が」「どこまで」データを参照してよいか，ということである。データを取り扱う以上，いくらセキュリティに配慮したとしても情報流出のリスクは完全に排除できないことから，データウェアハウス（DWH）構築に際しても情報流出に対する万全の対策が求められたのである。具体的には各サーバからデータウェアハウス（DWH）にデータをコピーする際に，個人情報（氏名，電話番号，メールアドレスなど）を項目ごと削除し，個人を識別するキー情報は暗号化するという仕様とした。さらには，統合データウェアハウス（DWH）上のデータについてテーブルごとにアクセス権を細かく設定することを可能とし，「いつ，誰が，どのデータにアクセスしたか」をアクセスログによって確認できるようにした。

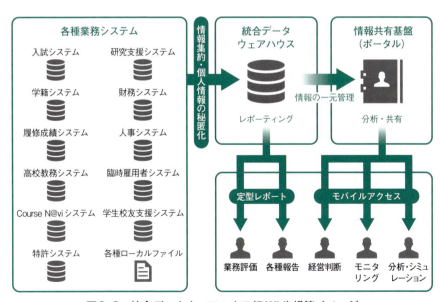

図3-3　統合データウェアハウス（DWH）構築イメージ

かくして対象システム数25，テーブル数約2,300，レコード数約9億からなる巨大なデータウェアハウス（DWH）の構築が2015年3月に完了したわけであるが，比較的短期間でこのような大規模データウェアハウス（DWH）を構築できたのは情報企画部が先導的役割を果たしたことが大きかったと言えよう。

　なお，システム構築が完了した後も，その本格運用開始までに越えるべき壁がいくつか残されていた。システム運用開始にあたり学内から様々な懸念が表明されたのである。前述した情報流出リスクに対する懸念はもとよりIRそのものに対する疑念を表明する意見も寄せられた。つまり，データがつまびらかになれば現状の課題が可視化されるわけであるが，そのことに対する漠然とした抵抗感をいかに払拭するかという課題を突きつけられたのであった。これらに対処するには情報の秘匿化だけでは不十分で，データの適正な取り扱いに関するチェックが不可欠であり，運用開始の条件としてIRシステムの運用に関する「ガイドライン」の策定が求められた。学内の関連部署との度重なる調整を経てガイドラインが策定されたのは2015年11月のことであり，ようやく運用開始の目処が立つことになるが，ここに至るまでにデータウェアハウス（DWH）の構築完了から実に8か月を要したことになる。

表3-2　IRシステムガイドライン概要

【IRシステムガイドライン概要】
- 早稲田大学におけるIRの定義と目的について
- 大学IRシステム統括責任者について
- アクセス権について（対象範囲，付与手続，アクセス権保有者の責務，権限の剥奪）
- 分析資料・結果の学内提供，学外公開について
- 利用履歴の取扱いについて
- システムの適正運用維持のための措置について
- 監査について

　統合データウェアハウス（DWH）の運用開始に向け，分析に必要なデータはある程度揃ったわけだが，効率良くかつ継続的に分析を行うためには更にいくつかの課題が残っていた。

統合データウェアハウス（DWH）に集約されるデータはあくまでも業務システムで利用することを目的として作成されたデータであるため，そもそも分析に適したデータ構造とはなっていない。データベースは業務処理上の最適化のため基本的に正規化されており，必要な情報を得るためには複数のテーブルを結合し，抽出条件を指定する必要がある。例えば，留学経験のある学生数の統計を行うためには，学生の基本情報を管理するテーブル，留学情報を管理するテーブルを結合したうえで，いくつかの条件を指定しなければならない。このように統合データウェアハウス（DWH）のデータを特定の目的に沿った分析を行うために必要な状態に加工するにはデータベースの構造を熟知している必要があり，IR分析担当者がこれを全て担うことは困難である。また，統合データウェアハウス（DWH）そのものは分析のための機能を持たないため，データを分析に適した形に加工できたところで，そのデータを使って分析を行うためには高度なスキルと知識が必要となる。これらの課題を解決するためには分析用のデータマートの整備と統合データウェアハウス（DWH）と連携して利用できる分析ツールの導入が待たれることとなった。

表3-3　統合データウェアハウス（DWH）の特長と課題

特　長	課　題
●基幹業務システム等からデータを定期的に自動反映 ●データの選別は極力行わず，必要なデータに必要な人だけがアクセスできるよう，細かなアクセス権限を設定 ●個人情報，機微情報は自動で秘匿化 ●データベース化されていないデータについても手動で取り込み可能	●データの意味を読み解くには業務に関する熟練した知識・経験が必要である。 ●分析に適した形式ではないため，分析に向けた加工にかなりの工数を要する。 ●分析機能を持たないため，別途AccessやExcelなどに取り込んで分析を行う必要があり，そのための豊富な知識と高いスキルを要する。

分析ツールの導入

　統合データウェアハウス（DWH）の構築後の課題として，より簡便に分析を行うためのツールを導入する必要があったことから，大学総合研究セ

ンターは情報企画課の協力のもと，2015年10月よりその検討を開始した。情報収集のためのRFI（Request for Information）では複数社から情報提供があり，それらの情報をもとに，国内外問わず多くの大学で導入実績のある「Tableau」と「SAS VA」の2つに候補を絞り込んだ上で，RFP（Request for Proposal）を作成し，プロポーザルを実施することとなった。

　選定にあたって重視した点は，統合データウェアハウス（DWH）との連携が可能であること，統計の専門的な知識やスキルを有さない事務職員でもある程度の分析ができること，将来的にFact Bookの構築にも活用できる可視化機能を有すること，などが挙げられ，総合的に検討した結果，SAS VAを導入することとなった。Tableauは可視化の機能において優位であったが，本学における諸条件下においては，SAS VAの有する分析機能と分散型IRを推進するうえで重要となる拡張性や展開性（ライセンス体系含む）の高さが最終的な決め手となった。

　SAS VAは2016年3月に構築が完了し，現在（2017年12月時点）は，いくつかの部署における課題解決のための分析事例を積み上げながら本格的な運用に向けた準備を進めている。いくつかの事例を次節において紹介したい。

　学部・大学院を含めた学内のあらゆる現場でSAS VAを駆使して日々分析が行われる状態に到るまでには解決すべき課題は多い。SAS VA運用における課題の1つは，分析に必要なデータの加工にかなりの作業量が必要となることである。分析ツール導入時の要件として「統合データウェアハウス（DWH）との連携」があったが，現状では統合データウェアハウス（DWH）に格納されたデータをSAS VAに取り込んでも，そのまま分析は行えない。統合データウェアハウス（DWH）のデータを結合・抽出し，さらにクレンジングしたうえでSAS VAに取り込む必要がある。まさに統合データウェアハウス（DWH）と分析ツールにおける共通の課題と言えるが，データクレンジング作業にはデータベースに関する深い知識が必要であり，その度にかなりの作業時間を割くのは非効率である。したがって，基本的な統計データで良く用いられる項目群をあらかじめデータマートとして準備するために，データマートに必要な情報項目の整理を目下進めているところである。

　もう1つの課題は，SAS VAを「誰が」「どのように」使うかということ

である。分散型IRを推進するためには，大学総合研究センターの担当者だけが分析を担うのではなく，現場の担当職員がSAS VAを使って分析を行うスキルを身につける必要がある。現場におけるミクロレベルのIRでは，大学総合研究センターはデータ分析の上流工程においてコンサルタントの役割を果たし，データクレンジングと実際の分析作業は現場担当者が担う方が効率的であり，より目的に合致した分析が行えるものと考えられる。そのような体制を構築するためにも学内により多くのSAS VA利用者を増やすべくトレーニングプログラムを開発中である。このように，IR人材育成のスキームにおいても大学総合研究センターが今後果たすべき役割は大きいといえよう。

図3-4は，IRシステム検討当初に作成した現状と目標及びその差で，そのために歩むべきロードマップが図3-5である。大学総合研究センターの設置

	データ利活用体制	システム
To-Be	●理事会、学術院長会でダッシュボードによる統計データ参照や要望に応じた分析データを共有できる ●各箇所がSelf-BIによるエビデンスベースの戦略策定や執行部サポートを行う ●教育・研究に関わる各種データファクトや教育成果分析レポートの公開 ●学内で実施した分析の結果レポートの共有	●教学/学生生活/入試/校友/寄付金/人事/財務/発注/研究支援など各領域で様々な分析への活用に汎用性のある集約テーブルが整備されている ●申請ベースで速やかにキューブを作成できる ●容易に将来予測や相関分析ができるSAS等の高度な分析ツールを実装 ●新規構築システム等からデータを取込
GAP	●テーブル構造に詳しい人はすぐに分析可能だが一般ユーザはテーブル構造の勉強が必須 ●BI/データ分析の業務活用に関するリテラシーが不足 ●データの分析によるエビデンスベースで意思決定するという文化が根付いていない。 ●統計・分析に関する知識が不足	●一般ユーザーでも集計・分析できるような集約テーブルが未整備 ●高度な分析をするための分析ツールが未導入 ●学内共有、学外公開できるような仕組みがない
As-Is	●IR運用ガイドライン策定 ●IR担当者連絡会運営開始（教務/入学センター/研究企画/研究戦略センター/情報企画/学生生活/奨学/経営企画/大学総合研究センター）	●統合データウェアハウス（DWH）構築完了。各システムから定期的にデータ取込 ●データは生テーブルのまま ●Power Pivot for Excelを使ってExcel機能で分析する環境

図3-4　IRシステムのGAP分析結果

	フェーズ1 環境整備	フェーズ2 IR業務開始 (分析文化の啓蒙)	フェーズ3 分析の高度化 (多様な分析の実施)	フェーズ4 全学的な データ活用
データ利活用体制	●運用ガイドライン策定 ●担当者連絡会運営開始 ●先行ユーザー部門がIRシステムを利用開始	●先行ユーザーが業務で集計・分析作業を行いエビデンスベースで部所内業務改善や意思決定を始める ●IRでどんなことができるかコンサル ●過去の傾向や現状の可視化などから開始	●先行ユーザーが特定のテーマの将来予測や相関分析を行って執行部の補佐や戦略策定時のエビデンスとする ●分析ツールの使い方や統計学や統合DWH内のデータの研修やコンサルを実施	●IRユーザー部所を拡大 ●理事会でダッシュボードを参照したり意思決定用レポート作成 ●全学向けに各種研修やコンサル活動開始
システム	●統合DWH構築完了各システムから定期的にデータ取込 ●データは生テーブル ●一般ユーザーがすぐに分析に使えるような集約テーブルは整備不足 ●Power Pivot for Excelを使ってExcel機能で分析	●集約テーブルを充実 ●即時に集約テーブルを作成できる環境を構築 ●試行錯誤しながら容易にデータ分析できるツール ●教学・研究支援の集約テーブルを整備 ●SAS VA/EGを導入	●継続して集約テーブルを充実させる ●外部公開用レポート等を作成する用の可視化重視のツール ●集約テーブルの整備を人事・教育支援等に広げる ●Tableau Desktop導入	●継続して集約テーブルを充実させる ●申請ベースでキューブを作ったり、新システムができたらExtract Transform Loadを追加したり、運用フェーズ

図3-5　大学IRシステムのロードマップ

から4年でようやくフェーズ2からフェーズ3に入りつつあるところである。

3　人材育成

　これらデータウェアハウス（DWH）を理解し，SAS VAというBIツールを誰が用いて実際分析を行うのか。そのために必要な能力の修得について，人材育成マニュアルの作成とともにこれまでの事例を振り返る。

　大学総合研究センターの関わるIRプロジェクトには大きく2つの進め方がある。1つは大学総合研究センター主導で行うもの，もう1つは他部署からの申し出により，該当部署，大学総合研究センター，情報企画課が協力して行うものである。

　図3-6は，プロジェクトを行う初期段階において，ステークホルダーや実際にプロジェクトを運営する実施者を書き込んでメンバーを明確にする用紙

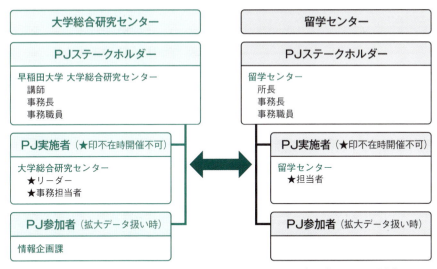

図3-6 プロジェクト体制図記入例（留学センタープロジェクトの事例）

となっている。メンバーを最初に明確にしておくことによって，誰が何を，どういう責任のもとで行うのか，お互いの認識を共有しておくことを目的としている。

参加メンバーが決定したら，次は，プロジェクトによって得たい成果を想定し，その場合にどのようなデータが必要で，分析ツールとして何を使うかを決めていく。図3-7は，データの種類を縦軸に，ツールの種類を横軸に取り，4象限それぞれのレベルを「松・竹・梅・特上」と比喩的に表したものである。

縦軸の上側には統合データウェアハウス（DWH）を，下側には業務で通常使用するデータベースやローカルデータを配置しており，自部署のデータであれば下側は比較的馴染みのあるものであり，理解が容易である。一方，上側では，自部署のデータは理解できても，他部署のデータが含まれてくるためデータの理解に時間を要するが，自部署内のデータだけでは難しかった新しい分析が可能となる。

横軸の左側をExcelやAccess，右側をBIツールのSAS VA/EG（Enterprise

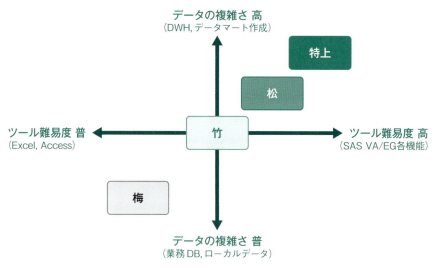

図3-7　IRプロジェクトの「松竹梅」

Guide）とした場合，事務職員は軸の左側を通常業務で使用することが多いため，簡単な分析であれば，わざわざSASを使う必要はない。しかし，膨大なデータウェアハウス（DWH）のデータや，他部署とのデータを繋いで分析が求められる場合はSAS VAの出番となる。

このように，左下に行けば行くほど，事務職員にとっては馴染みやすく，比較的時間のコストも少ないと考えられるために「梅」，扱うデータもしくはツールでこれまでとは違うものを取り扱う場合には，そのための事前準備や勉強が必要となるために「竹」，両方ともにチャレンジをする場合には「松」，そこからさらにSASを駆使しながらダッシュボードを作成し，これらの分析結果を元に理事やその他の意思決定機関においてダイレクトにプレゼンテーションまで行っていく場合を「特上」としている。

図3-8は，これらを具体的に，各部署の果たす役割，プロジェクトにかかる期間にわけてまとめたものである。重要なのは，プロジェクトを最初に行う場合に，該当箇所にどのレベル（特上・松・竹・梅）を目指すのか選んでもらうという点である。IRを問題解決の万能の薬と錯覚されることがあるが，大量のデータをデータウェアハウス（DWH）という箱の中に入れてSAS

	大学総合研究センター	情報企画課	担当部局	時間
特上	● プロジェクト管理 ● 要望ヒアリング支援 ● ダッシュボード設計／作成支援 ● 外部委託業務確定と発注	● データ要件確定 ● ダッシュボード，KPI可視化のベースとなるデータマート作成 ● 外部委託要件洗い出し	● 理事会等要望ヒアリング ● 要件洗い出し ● 成果報告，活用実施 ● メンテナンス	6ヶ月〜1年
松	● プロジェクト管理 ● 分析モデルアドバイス（統計解析，変数，比較，構築，検証法） ● SAS VA操作研修（研修，ケース提供，外部研修紹介）・レポート作成支援	● SAS VA権限付与 ● SAS EGテーブル作成 ● データ整備（ローカル，複数結合，形式変換処理） ● 分析テーブル構造説明と基本統計値提供	● 分析テーマ・目的（仮説案）の明文化 ● Excel, Accessで基本統計値（件数，変数値）算出 ● 分析対象データ選定案 ● レポート作成，確定 ● 成果報告	3〜4ヶ月
竹	● IRシステム承認手続 ● 分析実施アドバイス（アンケート／基礎統計） ● 成果報告蓄積	● DWH権限付与 ● DWH構造／利用マニュアル提供 ● データ業務分析活用情報アドバイス	● 箇所内データ以外のデータ取得ニーズ，リンク先リクエスト ● IRシステム利用申請 ● 成果報告	数回
梅	● IRシステムCIOM承認手続 ● 分析実施アドバイス（アンケート／基礎統計） ● 成果報告蓄積	● DWH権限付与 ● DWH構造／利用マニュアル提供 ● データ業務分析活用情報アドバイス	● 箇所内データ以外のデータ取得ニーズ，リンク先リクエスト ● IRシステム利用申請 ● 成果報告	1回

図3-8　IRプロジェクト「松竹梅」の具体的な内容

VAを使えば一気に問題解決の糸口が自動的に出てくるなどということは，当然起こり得ない。過度な期待を持つことなく，現実的に取得可能なデータと既存のデータから得られるであろう結果を予想しながら，その結果を得るためにどれだけの時間と労力をかけられるのか，そこを担当部局に選んでもらうというところがIRプロジェクトの重要なポイントである。

　基本的に，IRプロジェクトの主たるプレーヤーは該当部局の事務職員であり，大学総合研究センターはそのための分析支援やコンサルティングを，情報企画部はデータ取得や整備の点での支援を行うというのが主な役割である。もちろん，実際にはその役割を超えて協力し合いながら進めていくことも多い。しかし，基本的な役割は先に述べたとおりであり，そこを理解して

プロジェクトに参加することによって，プロセスや結果へのコミットが変わってくると考える。

なお，88頁で紹介する奨学課プロジェクトは，IRプロジェクトとしては初の試みであった。振り返ってみると，プロジェクトに要した期間や各部局の役割から見れば「松」に該当する。大学総合研究センターや情報企画課としても初めてのことばかりで，そのような中で「松」レベルのチャレンジをし，奨学課員の数名が実際にSASを使いながら分析に取り組んだことは，分散型IR推進の素晴らしい最初の一歩であった。分析の過程で目標とした結果まで到達できなかったり，データ収集や整備状況の抜本的な見直しを強いられたりするなど，頭を抱えるような難問が次々と立ちはだかった。しかしながら，1年目の経験を経て，翌年も奨学課内ではIRプロジェクトを行っている。当プロジェクトを通して，自ら問いを立て分析を行うという，IR

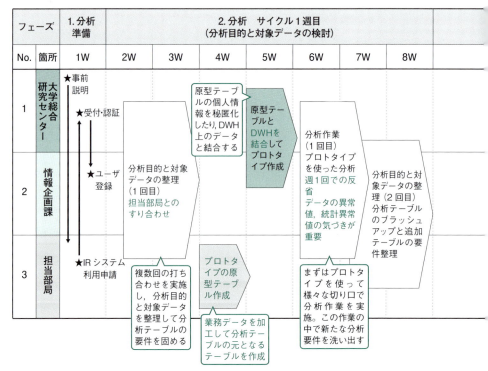

図3-9　プロジェクトのスケジュール管理表

を自部署で行う土壌が出来たことは大きな成果の1つである。

　図3-9は，プロジェクト遂行にあたって，大学総合研究センター，情報企画課，担当部局の役割とスケジュールを表したものである。16週を想定しているこのスケジュールでは「松・特上」レベルのプロジェクトとなる。「竹」や「梅」の場合であっても，各部局が何をどのくらいの期間で行うのかを最初に確認しておくことは大変重要である。1週目（1W）の時点で，まず，プロジェクトの流れや必要なデータ関連の作業を確認し，担当部局へのヒアリングの後に，意見交換を行いながら，どのレベルで分析を行うのが適当か判断する。

　プロジェクトにかける期間と人的資源を決定したら，具体的な分析目的を明確にし，そのために必要なデータ収集や整理を行っていく。この時点で，全てのデータが統合データウェアハウス（DWH）の中に集約されていれば良いが，実際はそうでない場合が圧倒的に多い。担当部局がローカルで保存

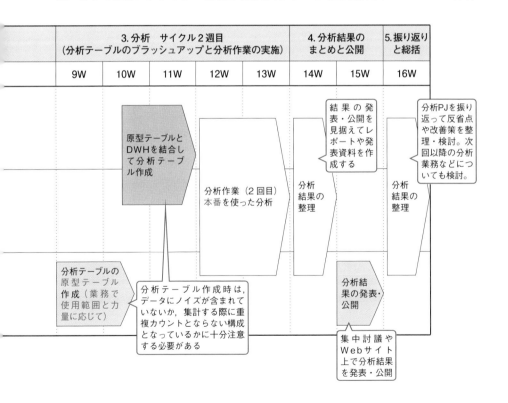

しているデータや，必要に応じて外部のデータを取り込む作業が必要となる。

　その後，データウェアハウス（DWH）との結合やデータの整備が必要となるが，この作業だけで数週間かかることも少なくない。IRにおけるデータ分析では，データ収集や統合，分析可能な形での整備を行う作業が最も重要であり，かつ最も時間のかかる部分であると言っても過言ではない。図3-9で「分析作業」が複数回に渡っているのは，データ分析の過程でデータの瑕疵を発見し，データの修正を余儀なくされ，分析を再度やり直すということもしばしば起こり得るからだ。得たいデータが手に入らなかったり，分析を行う中で方向性を見直したり，いくつかの困難に直面して軌道修正が必要なことも多いために，どうしても分析が一回で終わらないというのが現状である。恒常的に行う分析や使用するデータに関しては，現在まで改善を続けてきており，ある程度基礎的なデータが揃ってくれば，これらのスピードも短縮されるだろうと期待している。

　IRプロジェクトの流れを簡単に示したものが図3-10である。先に述べたとおり，最初にプロジェクトレベルを選んだ後，2週目（2W）で分析目的やデータ収集の段階に入る。図3-10では，「課題の整理」，「分析内容の設計」，「データ収集」に該当する。

　「課題の整理」では，普段から思っている疑問や，解決すべき課題について自由に，出来るだけ多くの意見を出し合うところから始める。最初から明確なリサーチ・クエスチョンがある場合は問題ないが，通常，業務の「疑問」をリサーチ・クエスチョンの形に変えるという作業を行うことは，簡単なようでいて難しい。そのため，現在IRに必要な知識やスキルを習得するための基礎的な研修を大学総合研究センターが中心となって開発しており，その中でも最初のこのフェーズはある程度の時間をかけてトレーニングを行う必要があると考えている。

　出来るだけ多くの課題や疑問が出たら，「分析内容の設計」に入る。多くの課題や疑問を整理し，かけられる時間と人的資源，課題の優先順位によってどこまで何を行うのかを選択していく。選んだ課題を見て，この段階で分析ツールとして何を使用するのか決定する，という流れである。

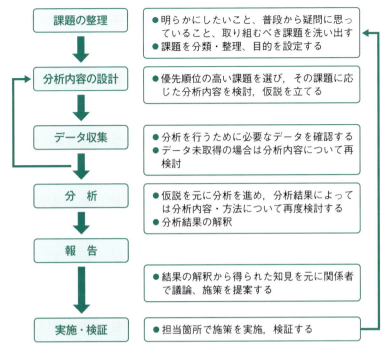

図3-10　IRプロジェクトの流れ

　その後データ収集を行うが，基本的には統合データウェアハウス（DWH）に格納されているデータを使用し，不足部分については随時追加作業を行っていく。また，絶対的に必要であるにもかかわらず未取得であるデータは，IR担当者連絡会や必要な委員会等で議論を行い，データ収集方法について検討をしていく。

　複雑な分析となると，大学総合研究センターの担当教員が中心となって分析を行い，分析結果の解釈においては該当部局の職員も加わる。担当教員に分析能力があったとしても，元データは通常業務で使用しているものであり，これらのデータに最も詳しいのは事務職員である。したがって，ここでも協働して分析や，その解釈を行っていく必要がある。

　分析結果は，必要な会議体において報告を行う。ここまでが主に大学総合研究センターが関与するところであり，IRプロジェクトを通して得られた

結果をもとに提案された施策の実施は，基本的に該当部局で行う。以上がIRプロジェクトの主な流れである。

4 取り組み事例

本節では，これまで行ってきたIRの取り組み事例をいくつか振り返る。1つは，初めて他部署と協働で行ったIRプロジェクトの事例である「奨学課プロジェクト」，もう1つは，現在，大学総合研究センターを中心として進めている「エンロールメント・マネジメント」のためのデータ整備状況について紹介したい。

奨学課プロジェクト

最初の協働プロジェクトの1つとして取り組んだのが，奨学課プロジェクトである。図3-11の通り，2016年6月から約3ヶ月間，奨学課や情報企画課と協働して奨学金関連のデータ分析を進めてきた。データの分析に当たっては，BIツールの1つであるSAS VAを用い，膨大なデータを効率的に可視化しながらデータの加工や分析を行った。

2016年5月のIR担当者連絡会で，まず奨学課における現状の課題を共有し，プロジェクトの合意を取った上で実質的に6月から開始した。プロジェクトは，奨学課における課題を共に議論，分析案について検討することから始まる。データウェアハウス（DWH）以外に必要なデータの取り込みやテーブル作成を行うと共に，SAS VAを用いた分析結果が蓄積した時点で結果を共有，議論を重ねながら追加の分析，その都度必要に応じてテーブルの追加

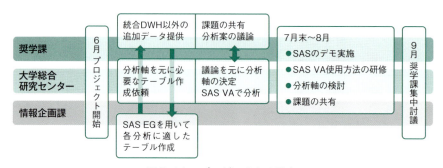

図3-11　プロジェクトの流れ

等を行ってきた。分析は主に大学総合研究センターが担ったが、SAS VAの使用方法については奨学課担当者にも研修を行い、2016年9月に行われた集中討議では担当者がSAS VAを用いて報告を行った。

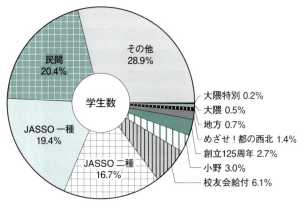

図3-12 奨学金受給者数内訳の円グラフ

分析目的の1つは、奨学金の種類別や学生の出身地域別に、教育成果の1つとして成績の差異を明らかにすることであった。図3-12は、SAS VAを用いて作成したレポートの一部で、これら以外にも折れ線グラフやジオマップ等を活用しながら、各奨学金受給者割合の経年変化を、学部、入学年度、性別等毎に、動的に確認を行った。

奨学金受給者の属性を確認すべく、学生の出身高校都道府県について、入学者数と奨学金受給者数それぞれを比較しながら、ジオマップ上に表したものが図3-13である。これにより、入学者に対する奨学金受給者の割合に地域差があるかを確認した。

ジオマップ上には、数値の高低を色の濃淡で表したり、円の大きさで表すことができる。これらの分析結果の1つとして、本学において奨学金を受給している地方出身学生の家計支持者の平均所得は、日本人の一般的なそれに比べ高いことが明らかとなった。地方出身者で本学に進学出来るのは、比較的裕福な家庭である可能性が示唆されるが、地方出身者の入学意欲が奨学金のみで規定されているとは考えにくい。志願者数や合格率など、入試関連の各種データと合わせて、多面的な分析を行うことが今後期待される。

その他、学内奨学金受給者と日本学生支援機構奨学金受給者のGPA（Grade Point Average）の比較を行った（図3-14）。

図3-14は全学部のサンプルを比較した結果であるが、学部によってその

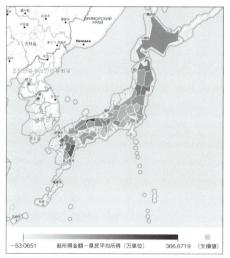

差は大きく異なる。各奨学金受給者の属性を制御した上で、入学後の成績やその他のパフォーマンスがどのように変化したのかを明らかにしつつ、奨学金の効果を判断することが求められる。今回は累積GPAの値を用いたため、今後、各年度のGPA値を元に、更に分析を進めていく予定である。

図3-13 主たる家計支持者の都道府県別平均所得と県民平均所得（統計局）の差異

この地図はSAS®Visual Analytics software, Version7.3で作成したものである。SAS、および、その他のSAS Institute Inc.の製品名・サービス名は、SAS Institue Inc.（米国ノースカロライナ州キャリー）の登録商標または商標である。Copyright©2018 SAS Institute Inc.

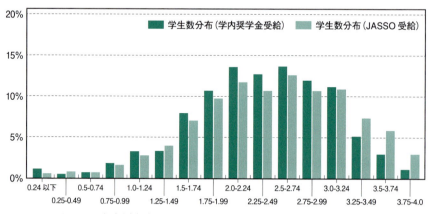

図3-14 学内奨学金受給者と日本学生支援機構受給者のGPA比較

Column　プロジェクトに参加して思うこと

「奨学金は，しかるべき学生に適切に行き渡っているのであろうか」

その疑問の解決に少しでも近づくことができるのであればという思いから，私たち奨学課はプロジェクトに参加した。

奨学金登録で得たデータを業務として普段から触れていることから，奨学金を欲する学生や奨学生の奨学金に対する考え方や志向はおぼろげながら把握しているつもりでいた。しかしながら，それはあくまでも長年蓄積されてきた業務に基づく肌感覚であり，確固とした根拠や裏付けに基づくことのない経験則でしかなかった。

IRプロジェクトではまず，私たちが持っている問題意識を解き明かすため，データの特性をあらためて見詰め直すことから始まった。そして，できることとできないことを区別し，制約条件下で最大限引き出すことのできる結論の射程範囲を設定することも学んだ。それは，物言わぬデータ群と対話をするような地道な作業だったと思う。

プロジェクトの成果は課内のみならず理事や学生部役職者とも共有した。議論の中で今回の成果の先に所在する新しい仮説を呼び起こすこともでき，さらなる情報分析の可能性を引き出すことができた。

しかし，何よりの得難い成果は，今回の取り組みによって課員各人が行っている自己の業務の中にもIRの意識が根付き始めたことだった。つまり，データを取得する段階から，そのデータから何ができるのか，何が導き出せるのか，といった有効な利用と分析を前提とした業務への意識が芽生えてきたのだ。この意識改革こそが，分散型IRを拡散していく原動力になると思う。

私たち奨学課の取り組みは，小さな一歩だったかもしれない。だが，臆することなくその一歩を踏み出したことは，大きな前進であったと確信している。

〔岡崎成光〕

エンロールメント・マネジメント

　既述の通り，分散型IR体制を推進していく手段の1つとしてIR担当者連絡会を開始した。この連絡会で初めて参加メンバー全員で協働して行った作業が，「早稲田大学として把握しておくべき学生情報は何か」を徹底的に議論し，そのために必要なデータ及び取得方法について整理するというものであった。これは，本学のIRプロジェクトのうち，複数部局に跨るものであるため，大学総合研究センターを中心として進めてきた。なお，エンロールメント・マネジメント（EM）については「入学から卒業，更には卒業後まで含めた学生の成長や動向を把握及び管理すること」と定義している。

　具体的な作業としては，入学時，在学時，卒業時，卒業後，各時点において取得すべき学生情報を整理し，その取得方法を検討していくというものである。学生情報は，主に教務システムから取得できるものと，調査で取得するものがある。「どのような情報」を「どこから」抽出するのかを整理しつつ，調査間の項目の重複を見直したり，教務システムから取得されるデータをわざわざ調査で尋ねなくても良いように情報の共有取得・方法を検討している最中である。詳細は姉川（2018）を参照されたい。

　本学のような大規模組織の中で，大学全体を横断的かつ時系列で把握する仕組みの策定には大変時間がかかる。また，情報収集は手段であり，これらを学生の成長を把握し，適切な支援へと役立てていくことが最終的な目標である。

　現在，EMIRの一環として取り組んでいることの1つが，卒業生調査の実施である。本学において，卒業生の現状と在学時の学びやその他の経験を明らかにするための取り組みはほとんど行われてこなかった。本調査では，大学時の経験等を尋ねているが，eポートフォリオや教務データ，在学時に回答した調査データを蓄積していくことによって，ゆくゆくはいつでも必要なときに必要な情報を取り出し，分析が可能な状態にしておくことがEMIRプロジェクトの目的である。

5　今後の課題と展望

　本章では，2014年2月の大学総合研究センター設置以来，「誰が」「何を」

「どのように」行い，どのような苦労を経て，何を成し遂げてきたかを見てきた。既に何度も言及してきたが，どの場面においても事務職員の活躍あっての結果である。もちろん，必要な場面においては議長や副議長など，高等教育を専門とする先生のご意見を仰ぎつつ，軌道修正を行ってきた。しかし，仮に早稲田大学のIRの「主役」は誰か，と聞かれれば，関係教員は口を揃えて「事務職員」だと言うだろう。よく「教職協働」の必要性は耳にするが，全国の大学を見ても，これほどの大規模な大学において教職員が協働して取り組んでいる大学はそう多くはないと思われる。早稲田大学のIRの特徴は，と尋ねられれば，「分散型IRを目指して事務職員を中心に進めている」点であると言えよう。

　大学総合研究センターの主業務を担当しているのは任期付きの教員であり，副所長も主に本属である各学術院の業務を行っているため，現時点でサステナブルな仕組みができているとは言い難い。確かに，事務職員にも定期的に異動はあるが，そこは前向きに捉え，IRプロジェクトに少しでも関わった人材が他部署に異動することによって，IRの必要性やノウハウが広まるという副次的な効果にも期待をしている。

　しかしながら，課題は山積している。1つは，IR担当者連絡会のメンバーは本部系の職員に限られており，これまでの奨学課や留学センターなどのプロジェクトは学部とは一歩離れたものであるという点だ。次なるチャレンジとして，学部のIRの展開も検討していく必要があるだろう。実際，学部からの要望もでてきており，やはり実施に際しては現場の事務職員の協力が必須である。学部を含めた全ての事務職員向けにIRの「啓蒙活動」を行っていくためにも，人事課と協働しながらいかにSD（Staff Development）の中に必要な能力開発のための研修を組み込んでいくかを考えていかなければならない。

　もう1つは，いかに分析にかかる経費を抑え，持続可能な仕組みを構築するかという組織的な課題である。IR業務は，プロジェクト型の取り組みを除き，ゆくゆくは恒常的な業務の一部として行われるべきものが多い。そのためにいつでも分析に耐えうるデータを準備し，BIツールを駆使しながら成果の可視化を行う仕組み作りが必要となるが，そこにかけられるコストも

限られている。人的リソースの不足は既述のとおりであるが，これまでの取り組み等が一過性のものとならないようにしなければならない。

　大学総合研究センター設置から4年が経ち，IR組織の運営に関しての中長期計画を見直す時期に来ている。

【注】
※1：本節執筆者は沖清豪である。

【文献】
- 姉川恭子（2016）「本学学生調査の現状把握に基づく課題と今後の調査フレームワーク案に関する研究」早稲田大学大学総合研究センター　http://www.waseda.jp/inst/ches/assets/uploads/2016/06/160322_SR_CHEIR_word.pdf（2017年11月19日）
- 姉川恭子（2017）「ベンチマークを通じて明らかにする早稲田大学の学生調査の課題」『早稲田教育評論』31(1)，73-83.
- 姉川恭子（2018）「早稲田大学におけるエンロールメント・マネジメントの展開」『IDE　現代の高等教育』598，60-63.
- 青山佳代（2006）「アメリカ州立大学におけるインスティテューショナル・リサーチの機能に関する考察」『名古屋高等教育研究』6，113-130.
- 福島真司（2016）「教学マネジメントの活性化とIRによる「見える化」「言える化」──「学生を知り抜くため」のEMIRの実践事例から」『学士課程教育機構研究誌』5，37-48.
- Howard, R. D., McLaughlin, G W., & Knight, W. E.（2012）. The Handbook of Institutional Research, San Francisco: Jossey-Bass. リチャード・D・ハワード（大学評価・学位授与機構IR研究会訳）（2012）『IR実践ハンドブック──大学の意思決定支援』玉川大学出版部.
- 佛淵孝夫（2015）『大学版IRの導入と活用の実際』実業之日本社.
- 喜多村和之（1973）「アメリカにおける『大学研究』の展開──序説」『大学論集』1，20-31.
- 小林雅之・山田礼子（2016）『大学のIR──意思決定支援のための情報収集と分析』慶應義塾大学出版会.
- 小湊卓夫（2005）「大学の組織運営改善における成果指標の有効性──名古屋大学の事例に基づく考察」『名古屋高等教育研究』5，205-222.
- 小湊卓夫・中井俊樹（2007）「国立大学法人におけるインスティテューショナル・リサーチ組織の特質と課題」『大学評価・学位研究』5，17-34.
- 松田岳士・森雅生・相生芳晴・姉川恭子編著（2017）『大学IRスタンダード指標集──教育質保証から財務まで』玉川大学出版部.
- 文部科学省（2017a）『平成27年度の大学における教育内容等の改革状況について（概要）』http://www.mext.go.jp/a_menu/koutou/daigaku/04052801/__icsFiles/afieldfile/2017/11/21/1398426.pdf（2017年11月21日）
- 文部科学省（2017b）「平成29年度 私立大学等改革総合支援事業調査票」http://www.mext.go.jp/component/a_menu/education/detail/__icsFiles/afieldfile/2017/08/16/1393665_001.pdf（2017年11月19日）
- 中井俊樹・鳥居朋子・藤井都百（2013）『大学のIR Q&A』玉川大学出版部.
- 岡田聡志・沖清豪（2008）「アメリカの高等教育機関におけるInstitutional Researchをめぐる論争史」『早稲田教育評論』22(1)，63-81.
- 沖清豪（2007）「『Waseda Next 125』中間報告について」（学内コースナビ「Waseda Next 125」中間報告に関する理事会の基本的な考え方──理事会への御意見の提出欄，学内のみ閲覧可）（2017年11月19日）
- 沖清豪（2008）『大学の教育機能の改善に資するInstitutional Researchに関する基礎的研究：中間報告書』早稲田大学教育総合研究所.

- 沖清豪・岡田聡志（2011）『データによる大学教育の自己改善――インスティテューショナル・リサーチの過去・現在・展望』学文社.
- 大佐古紀雄（2002）「現場からの新制大学形成――早稲田大学調査部門の活動を通して」『早稲田大学史記要』34, 39-65.
- 佐藤仁・森雅生・高田英一・小湊卓夫（2009）「大学情報の組織内共有と活用――九州大学大学評価情報室の取組から」『大学探究』2, 1-11.
- ランディ・L・スウィング（山田礼子訳）（2005）「米国の高等教育におけるIRの射程，発展，文脈」『大学評価・学位研究』3, 21-30.
- 髙田英一（2016）「日本の大学における内部質保証に関するIRの取組の現状――内部質保証の実態調査を基に」『大学評価研究』15, 69-79.
- 東京大学（2014）『大学におけるIR（インスティテューショナル・リサーチ）の現状と在り方に関する調査研究報告書（平成24-25年度文部科学省大学改革推進委託事業）』http://www.mext.go.jp/a_menu/koutou/itaku/1347631.htm（2017年11月19日）
- 中央教育審議会（2008）『学士課程教育の構築に向けて（答申）』文部科学省 http://www.mext.go.jp/component/b_menu/shingi/toushin/__icsFiles/afieldfile/2008/12/26/1217067_001.pdf（2017年11月19日）
- 山田礼子（2009）『大学教育を科学する――学生の教育評価の国際比較』東信堂.
- 早稲田大学調査部（1953）『昭和二八年度入学試験に関する綜合調査　第一輯・第二輯』早稲田大学.
- 早稲田大学学生部（1957）『学生生活実態調査報告書　昭和32年度（第1回）』早稲田大学.
- 早稲田大学教務部（1955）『教務に関する調査　昭和29年度 第1集』早稲田大学.

第4章

早稲田大学における教育・学修支援

石井雄隆・山田晃久・森田裕介

1 実施主体・実施環境から捉える教育・学修支援の動向

　近年，大学においては，学生の主体的な学びを促すために教員の能力開発を目指した組織的な実践が必須となっている。同時に，それらに対する事務職員の支援が期待されている。学生の学びをより深めるため，教育の内容と方法を高度化する取り組みは，主に，教育を行う組織である学部などで進められてきた。その中で，大学総合研究センターは，大学全体を横断して教育方法を高度化するための教育・学修支援を担うことを役割の1つとしている。

　本章では，はじめに，実施主体・実施環境という2つの観点から教育・学修支援の動向を概観する。次に，FD推進センターが進めてきた教育・学修支援について述べ，現在の大学総合研究センターの取り組みについて，教授力強化のための実践共同体形成，ティーチング・アシスタント（Teaching Assistant：TA）による教育支援強化のための実践共同体形成，授業支援ツールの開発と環境整備の3つの観点から論じる。

1 実施主体から捉える教育・学修支援の動向

　教育・学修支援は，その実施主体と実施環境の2つの観点でとらえることができる。本節では，両観点から教育・学修支援の動向について述べる。さらに，実施主体については教員・事務職員・学生の3つの要素から検討し，実施環境については，教育方法・教育設備の2つの要素から検討する。

　実施主体の3つの要素をそれぞれ見ていくと，第2章で触れたとおり，教員は，教育を実施する専門家であるが，単に教育を実施するだけでなく，教

授力強化のために，教育方法の高度化を通して，教員相互が教育・学習支援を行うことが求められている。事務職員は，大学の事務運営を担うことが主たる業務であるが，教育・学修支援に関する業務も行うようになってきている。学生は，大学で学ぶ立場以外にTAとして大学に雇用され，教育補助に参画する場合もある。

　FDは，教員による教育・学修支援の能力開発の1つである。文部科学省はFDを「教員が授業内容・方法を向上させるための組織的取組の総称」と定義している（中央教育審議会，2008）。日本におけるFDは，1999年に大学設置基準第二十五条において努力義務化され，2008年の一部改正によって義務化された（文部科学省，2007）。

　FDの実施形態について，田中（2003）は，啓蒙活動型FDと相互研修型FDに分けて説明をしている。啓蒙活動型FDは，トップダウンで行われる伝統的な講習の形態をとることが多い。半期に1回程度実施される一斉集団型の研修，オンラインで提供されているオンデマンド研修などが挙げられる。また授業設計や評価に関する情報提供，授業改善の方法，テクノロジーの効果的な使い方に関するセミナーやワークショップなど，授業改善を目的とした一般的なFDの形態である。一方，相互研修型FDは，京都大学に端を発するもので，教員が自発的に行うボトムアップの形態を指している。北海道大学のFDカフェなども相互研修型FDの1つであろう。FDカフェは，北野（2006）によって「大学教育・授業の改善を目的として，研究活動や教材開発に優れた成果を上げている先生方の報告を，お茶を飲みながら気軽に聞き，意見交換を行う会」として紹介されている。これは授業公開を行うことによる教員相互の授業改善に加え，個々の教員の問題意識や直面する課題を解決したり得られた知見を組織で共有したりする「教員のための学びの実践共同体（Faculty Learning Community）」（Beach & Cox, 2009）の形成を目指したFDの形態である。実践共同体とは，レイブ・ウェンガー（1991）によって用いられた「正統的周辺参加」論で提起された概念であり，高等教育の文脈では，「多様な関心や考えを持った人たちが自分たちの活動の意味や目標，役割などについての共通理解を持つ者が共に実践を行う集まりのこと」とされている（杉原，2006）。早稲田大学のように様々な専門分野を持つ大規模大

学においてFDを推進する上では、このコンセプトは大変参考となる。

　2000年代以降、国立大学においては、「大学教育センター」にFD機能を持たせるケースが大幅に増えたが、小規模大学においてはセンターの設置自体が難しく、一方、本学のような大規模大学においては、1センターだけで全学のFD機能を担うにはあまりにも脆弱すぎるという課題に直面する。そこで、伝統的な学部自治の中では、センターがFD推進の中心的役割を担いつつ全学展開を目指し、「弱い紐帯」として「実践共同体」を作ることが急務であった。本稿で使用する大学総合研究センターにおける「実践共同体」とは、上記の定義を踏まえ、「教員や事務職員、TAも含め、授業内容・方法を向上させるために、自分たちの活動の意味や目標、役割などについての共通理解を持つ者が共に実践を行う集まり」と定義したい。

　近年では、FDによる教育改善以外の教育・学修支援の必要性が盛んに議論されている（竹内・白川・山崎・井上，2016）。すなわち、事務職員や学生による教育・学修支援のあり方が検討されており、事務職員には教育支援者として、学生には教育補助者としての役割が求められている。

　教育支援者とは、「教育の目的を達成するために必要な事務職員、技術職員等」（大学評価・学位授与機構，2011）を指す。具体的には、千葉大学のSULA（Super University Learning Administrator）、関西大学、愛知みずほ大学の学修コンシェルジュなど学修支援を担当する事務職員の配置が行われている。2017年度からはSDが義務化され、事務職員の専門性向上も積極的に議論が行われており、教育支援者としての事務職員の育成が進められている。本学においては、2007年度からの中長期計画「Waseda Next 125」において、「教員と協働できる職員の育成」を事務職員育成の軸の1つとして設定し、積極的に教職協働を進めてきた。早稲田大学独自のLearning Management System（LMS）であるCourse N@vi（活用等については5章を参照）の利用促進を事務職員が中心に実施するなど、事務的な枠を超えた教育支援を推進してきている。

　教育補助者とは、「教育課程を遂行する上で補助的業務を行うために活用される人材。ティーチング・アシスタントなど」（大学評価・学位授与機構，2011）を指す。1998年中央教育審議会答申の『21世紀の大学像と改革政策

について』において指摘されて以降，TAの役割はますます求められているにもかかわらず，組織的な研修を行っている大学は少ない（北野，2006）。

　他大学でのTAによる教育支援の推進やTA育成について，山地・川越（2012）は，教員と学生が合同で研修に参加し，学生が授業運営の中心的役割を担う事例を報告している。また，北海道大学は他大学に先駆けて，1998年から組織的なTA研修を開始，一時期，「TAの単位化」も行っており（栗原，2006；田口・松下，2013），最近ではTA育成のためのマニュアル等を開発している（北海道大学，2015）。その他，TAではないものの，名桜大学，はこだて未来大学では，国際チュータートレーニングプログラムであるITTPC（International Tutor Training Program Certificate）により学生チューターを育成し，学修支援を行っている（津嘉山・Stephen，2011）。また，関西大学では，学部学生（Learning Assistant：LA）の力を生かし，学生のサポートを行ったり（関西大学，2012），立命館大学では，学生が参画する「ピア・サポート・プログラム」と称した教育補助活動を展開している（沖，2015）。

　早稲田大学では，2017年にTA制度改革を実施した。従来は教場での様々な補助，例えば出席確認や資料配布などの定型的な業務から，グループワークの支援まで幅広い業務が混在していた状況を踏まえ，定型的な業務のみを担当する補助者をTAから分離した。さらに，主に高い教育効果が見込まれる授業形態（反転授業やアクティブ・ラーニングなど）を取り入れていると認定された，特定の科目において学修支援に携わる教育補助者を「高度授業TA」として従来のTAから分離するなど，新たな制度を導入した。また，学生の自学自修を待ち受け型で実施する「ラーニングアシスタント」など，教場外の教育補助を含めた幅広い支援人材を新たなTA制度の枠組みに位置付け，実現している。

　それに加えて，大学院生が教員の授業運営方針の下，より自立的に授業に参画する「カリキュラムTA」の制度も導入した。これは学部等が特別に選定した授業において，例えば補習セッションや複数の教室に分かれて行うワークショップなどを実施する際に，TAが自立的に学修支援を行えるもので，教員の運営方針に従いつつ，大学院生が学修指導を体験することにつながる仕組みとなっており，プレFDの一種ともいえるものである。田

中・畑野・田口（2014）では，プレFDを「優れた大学教員を育成するためには，大学院生・オーバードクター（OD）・ポストドクター（PD）に対して教育を行うために必要となる様々な能力を身につけさせることが重要とされており，そのための取り組み」として定義している。田口ほか（2013）によると，国内のプレFDの取り組みは，「FDの一部としての取組み」と「TA（Teaching Assistant）制度の実質化」の2つのルーツがあることが指摘されている。また東北大学高度教養教育・学生支援機構（2015）は，プレFDの2つの側面として，「大学院生へのキャリア支援」と「大学院教育改革」を挙げている。カリキュラムTAもこれらに類する仕組みである。

2　実施環境から捉える教育・学修支援の動向

ここまで，教育・学習支援の実施主体である教員・事務職員・学生の3つの要素について概観してきた。教育・学修支援について検討する際には実施主体だけではなく，教育方法・教育設備などの実施環境の整備が重要となる。

教育方法については，大学のユニバーサル化，教授学習観の転換，ICTの普及などを社会的背景としてアクティブ・ラーニングが推進されている。また，2008年の中央教育審議会答申『学士課程教育の構築に向けて』時点で既に，「学生の主体的・能動的な学びを引き出す教授法（アクティブ・ラーニング）を重視」することについて言及されている。さらに，2012年の中央教育審議会答申『新たな未来を築くための大学教育の質的転換に向けて』を契機に，その後大きく広がる。そこでは，アクティブ・ラーニングを「教員による一方向的な講義形式の教育とは異なり，学修者の能動的な学修への参加を取り入れた教授・学習法の総称。学修者が能動的に学修することによって，認知的，倫理的，社会的能力，教養，知識，経験を含めた汎用的能力の育成を図る。発見学習，問題解決学習，体験学習，調査学習等が含まれるが，教室内でのグループ・ディスカッション，ディベート，グループ・ワーク等」と定義している。

実施環境におけるもう1つの要素として，教育設備を挙げることが出来るが，ラーニング・コモンズはその代表的なものである。ラーニング・コモン

ズとは,「複数の学生が集まって,電子情報も印刷物も含めた様々な情報資源から得られる情報を用いて議論を進めていく学習スタイルを可能にする「場」を提供するもの」(文部科学省, 2010)を指す。

文部科学省が実施している調査「大学における教育内容等の改革状況について」によると,ラーニング・コモンズの整備・活用は平成23年度には33.9%であったのに対し,平成27年度においては62.7%となっており,全国の大学でその整備が進められている(文部科学省, 2017)。

国内の各大学に設置されているラーニング・コモンズにもさまざまな形態があり,図書館に併設されたもの(呑海・溝上・金子, 2015),教育支援者を配置したもの(千葉, 2016),グループ学習と全体発表スペースを併設したもの,ライティングや語学,数学などの基盤教育,その他の専門教育に特化したものなどがある。早稲田大学においても,ものづくりの拠点となる「WASEDA共創館」,図書館に設置された自学自修スペースとしてのラーニング・コモンズや,学術的文章の作成方法の添削を受けながら学ぶ「ライティングセンター」,主に人文・社会科学系の学生を対象に,数学や統計に関する質問に対応する「Math and Stat Center」(いずれも2014年度開設)など,様々な機能を有するラーニング・コモンズを設置している。

2 早稲田大学における教育・学修支援の取り組み

FDが2007年に義務化され,各大学が様々な教育改革を進める中で,早稲田大学は創立125周年を迎えた2007年から5年間の重点施策として「Waseda Next 125」を策定した。このWaseda Next 125の重点施策の「2 新教育研究体制の再構築」の中におかれた8つの実施項目のうちの1つに,「FD(ファカルティ・ディベロップメント)の推進」を掲げた。その後,創立150周年を迎える2032年までの中長期計画の中で,大学総合研究センターを設置した。本節では,2008年に設置されたFD推進センター時代から大学総合研究センターまでの教育・学修支援の取り組みについて紹介する。

1 大学総合研究センター前身のFD推進センター時代の取り組み

前述の「Waseda Next 125」では，「教育の質的向上に大学全体として取り組むためにFDセンター（仮称）を設置する。カリキュラムや科目の体系化を含む教育システムの改善を進めるとともに，優秀な教員・学生の表彰等を通じて教員・学生の意欲の向上を図る。教育の質を高めるために，所属組織を超えた専門分野のグループでの自発的FD活動や授業のオンデマンド化等を推進する。（Waseda Next 125　答申に関する理事会の基本的な考え方，p.5）」と記述されていた。この施策に沿った形で，FD推進センター設置に先立ち，2007年10月に，すべての学部，大学院から選出された委員による「FD推進委員会」を設置，FDについて全学組織を横断し，検討を開始した。授業評価アンケートの実施やシラバスの作成と公開，新しいFDの工夫と普及について取り組むべく，FD推進委員会の中にワーキンググループを置いて検討を進めてきた。FD推進委員会ではワーキンググループでの検討を踏まえ，全学共通設問による授業評価アンケート，新任教員セミナーの内容充実を決定し，全学的なFDとしての取り組みに着手した。これらのFD施策の内容や方式を具体的に定め，推進する組織として，2008年10月にFD推進センターが教務部の外局として設置された。

　それ以降，大学総合研究センター設置に至るまで，FD推進委員会での検討とFD推進センターの施策実現の両輪体制で，FDを推進してきた。当時，委員会における最優先事項として，2008年度末には，成績評価に際してGPA（Grade Point Average）の導入，成績不振の学生に対する状況改善を目的にした指導プロセスについての検討に着手した。また，海外協定校に派遣するFDプログラムを開始し，8名の教員が渡米して約3週間のFDプログラムに参加した（詳細は本章第2節を参照）。

　FD推進委員会による全学的な議論が開始されるまで，FDの取り組みは学部，大学院ごとに独自に進められており，これらを，全学で共通にすることには困難が伴った。例えばGPA共通的導入については，2009年11月に「共通GPAの運用（案）」がFD推進センターによって示されたが，全学共通の成績基準に係る申し合わせが定められたのは2013年7月であり，断続的ではあるがトータルで4年近い期間を要した。

　FD推進委員会にはすべての学部・大学院から1名ずつ選出された教員が

委員として参加していたが，合議にもとづく会議形式の委員会であり，FDを専門とする研究者が内容をリードしながら推進するものではなかった。FD推進センターについても，早稲田大学の本部組織の一部であって，FDを担当とする人材を配置するような研究所の形態をとってはいなかった。したがって，大学総合研究センターは，これらの課題に対応し，FDを推進していくとともに，高等教育に資する研究を行う人材を配置可能な研究所として設置された。

2　大学総合研究センターにおける教育・学修支援

2014年2月にFD推進センターおよび遠隔教育センターを包含する組織として，大学総合研究センターが発足し，FD推進委員会は大学総合研究センターが設置する委員会である「教育方法研究開発委員会」として再編された。大学総合研究センターは「研究所」として研究者を配置することができ，これまでの全学的施策を維持しつつ，具体的で効果的なFDの実現と定着を意識して教職協働での活動を進めている。大学総合研究センターのミッションの中には，創立150周年を迎える2032年に向けた中長期計画Waseda Vision150における教学戦略の1つとして，対話型，問題発見・解決型教育への移行を目指している。対話型，問題発見・解決型教育のポイントは，以下の2点に集約される。

① 教員負担の軽減を実現するICT活用方法や教員サポートの充実策，教員の担当コマ数削減などの各種方策を実施する。
② 教員がより深く指導し，かつ学生主体で実施する対話型，問題発見・解決型授業のあり方およびサポートのあり方を検討する。

(早稲田大学理事会，2012)

対話型，問題発見・解決型教育の定義は「授業の形態・クラスサイズなどに応じて，教員と学生，学生と学生同士が意見を交わして授業内容の理解を深める対話型，また，学問の活用を通して，社会における複雑な問題を発見し，分析する能力を養う問題発見・解決型教育」(石井，2016)である。Waseda Vision150の数値目標では，対話型，問題発見・解決型の授業比率は学部75％，大学院80％を目指しており，現在は学部29％，大学院55％と

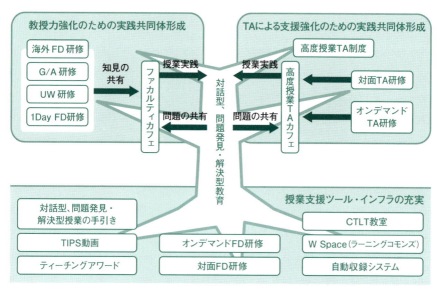

図4-1 実践共同体の形成を目指したFDのデザイン

なっている。

　大学総合研究センターでは，対話型，問題発見・解決型教育の実施を支援するため，セミナー形式の対面FD研修，全教員を対象としたオンデマンドFD研修，海外FD研修や相互研修型FD（Faculty Cafe）を推進してきた。それに加えて，TAによる支援強化を推進する実践共同体形成のための高度授業TA制度や授業支援ツールとハード面の環境整備などを進めている。図4-1は早稲田大学における実践共同体形成を目指したFDのデザインを描いたものである。対話型，問題発見・解決型教育を木の幹の中心に据えて，教授力強化及びTAによる教育支援強化のための実践共同体形成を2つの大きな枝とし，それを支える根として，授業支援ツール・インフラの充実を行っている（コラム「CTLTガイド」参照）。UW研修とG/A研修は，海外派遣型のFDを指す。UW研修は，アメリカ・ワシントン大学において，学習者中心の英語による教授法の導入を学ぶ2週間のプログラムであり，G/A研修は，五大湖・中西部私立大学連盟加盟校において，英語を使ったアクティブ・ラーニングの教授法を実践するプログラムとなっている。

Column　CTLTガイド

　大学総合研究センターの教育方法研究開発部門では，様々なICTツールを提供している。そういったICTツールを活用することで，どんな課題解決ができるかを分かりやすく表現したのがCTLT（Center for Teaching, Learning and Technology）ガイドである。早稲田大学では様々な教育・学習支援のためのサービスを行っているが，それらが体系的に紹介されているガイドが無かったため，CTLTガイドを作成した。

　教育支援ツールとしては，授業前・実施中と授業後それぞれにおいて役立つシステムやICTツールを紹介している。また授業支援ツールとしては，わせポチと呼ばれるウェブ版クリッカーをガイドの中では紹介しており，これを用いることで大教室の講義でも学習者とのインタラクティブなやり取りが可能となる。また実際にICTツールを活用して，授業を効果的に行われている教員の事例も盛り込んでおり，教室でICTを活用するための具体的な方法が分かるガイドとなっている。下記の図は，CTLTガイドで紹介している6つのカテゴリーについてそれぞれ説明している。　　　　　〔石井雄隆〕

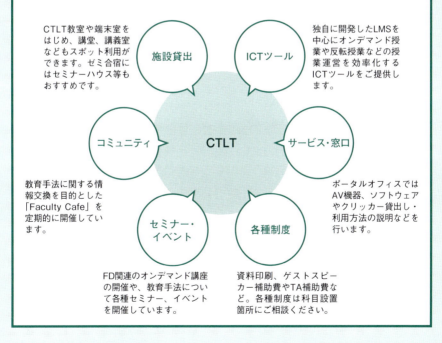

3 教授力強化のための実践共同体形成

教育・学修支援の3つの主体の1つである教員の教授力強化のため，大学総合研究センターでは，①教育方法高度化のための個別学習コンテンツ開発，②実践共同体形成につながるFDプログラムの提供，③実践共同体の基礎となる「場」の提供の3つについて取り組んでいる。本節では，②と③の実践事例を紹介する。

②の取り組みとして，大学総合研究センターでは，新任の教員が一同に会して研修を受ける「新任教員セミナー」や，教員を中心とした学内関係者が教育に関するテーマに沿って意見交換を行う「教育に関する懇談会」の開催を行っている。また，教授力強化を通じて実践共同体形成を目指す事例として，海外協定大学と連携したFDを取り上げる。③の取り組みとしては，大学総合研究センターが全学の教員に呼び掛け，組織の壁を越えた教員コミュニティとしてのFaculty Cafeの事例を紹介する。なお①については，大学総合研究センターが担う教育手法とツールの開発事例と合わせて，本章第4節にて後述する。

1 海外協定大学と連携したFD

全学的なFDの端緒として，現在海外の大学と協定して行われているFDについて紹介する。海外協定による大学と連携したFDは，教育改善に関する様々な先進的な取り組みを現地において修得することを目的とし，帰国後，参加した教員が自分の授業において実践するとともに，これらの経験や知識を他の教員と共有し，波及することを狙いとしている。これは，Waseda Vision150の目標である英語（外国語）による授業割合の増加を実現するための支援施策として位置づけられる。大学総合研究センターでは，今後増加する英語による授業を担当する教員に対し，「英語による授業の方法」を学ぶ機会を提供している。国際的に通用する学習効果の高い授業運営を実現させるとともに，海外における先進的な取り組みと教員自らの経験を融合することにより，本学の状況に即した各教員独自の手法の構築を期待している。

このFD研修は，参加する教員の専門分野によらず，大学教員が共通して必要とする教育手法の習得を目的としている。全学を横断したプログラムであることから，特定の学部等に所属する教員に限定することなく，学内公募によって参加者を決定するもので，海外派遣型のFD研修プログラムの場合は2週間から3週間と比較的長い研修となっている。

　大学教員が共通して必要とする教育手法の具体例としては，例えば，学生との対話的な手法を取り入れた授業の設計や評価について学ぶことが挙げられる。それに加えて，派遣先の大学で実地の体験を得ることができるなど，実践的なFD研修となっている。海外でFD研修を受けた教員は，その成果を自らの授業で活かすだけではなく，参加教員同士，同じ専門分野の教員同士で情報交換を行い，教員のFDネットワーク形成が期待できる。

　研修プログラムは以下図4-2の通り整備されている。海外に派遣してのFD研修だけではなく，初級では海外大学からの招へいプログラムを実施している。これは，CLIL（Content and Language Integrated Learning：内容言語統合型学習）に基づく英語による教授法の導入を目的とした5日間のプログラムである。中級では，アメリカ・ワシントン大学に教員を2週間派遣し，学習者中心の英語による教授法の導入を学ぶプログラムを実施しており，上級では，五大湖・中西部私立大学連盟加盟校において，英語を使ったアクティブ・ラーニングの教授法を実践する約3週間のプログラムを行っている。大学総合研究センター設立後の2014年度以降は，単に海外大学等から提供される既存のプログラムを受講するだけではなく，研修内容についても派遣先と調整しながら，本学教員のニーズに合致した内容となるように改善を図っている。

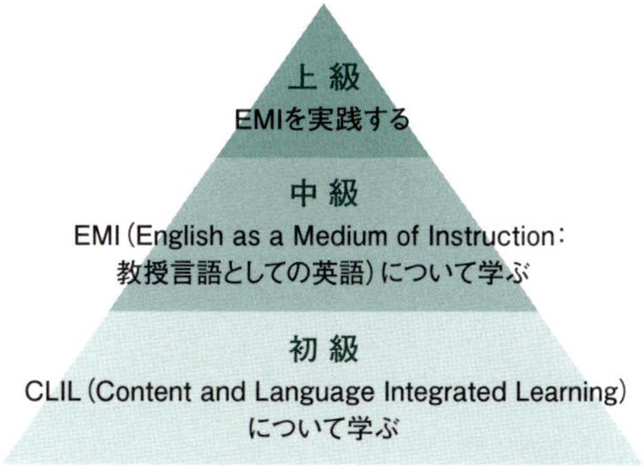

　上級に位置付けられる，五大湖周辺に点在するリベラルアーツカレッジ群による，五大湖・中西部私立大学連

図4-2　FD研修プログラムの体型図

上級
EMIを実践する

中級
EMI（English as a Medium of Instruction：教授言語としての英語）について学ぶ

初級
CLIL（Content and Language Integrated Learning）について学ぶ

盟（Grate Lake College Association /Associated Colleges of the Mid-West：GLCA/ACM）への派遣は，1963年から50年以上に渡って続いている早稲田大学とGLCA/ACMとの国際交流（Japan Study, 2013）が基盤となっており，2008年度から2016年度までに，本学教員16名が参加している。GLCA/ACMにおける派遣型FDプログラムの特徴は，リベラルアーツカレッジにおける本学教員の授業実践である。受け入れ大学や担当教員によってカスタマイズされるため，統一された内容は存在しない。例えば，2008年にAlbion Collegeで実施されたFDプログラムでは，教員はシラバスの書き方や授業の手法（特にインタラクティブな教授法）を実践的に学んでいる。1週目から2週目にかけては授業参観，2週目から3週目にかけては実際に大学生を相手に授業実践を行った。特に，最終授業は録画され，Albion Collegeの教員からフィードバックを受けた。授業実施以外にも，ファカルティメンバーとして会議に出席したり，学生のイベントに参加した。この事例に限って言えば，教員養成課程で行われている教育実習に類似したものであった。

　中級のFD研修として実施している米国ワシントン州シアトルに位置するワシントン大学でのFDプログラムの特徴は，15名程度での研修型FDとワークショップによる学習者中心の授業設計の手法の修得と，マイクロティーチングによるアクティブ・ラーニングの実践である。このプログラムには，2009年度から2016年度までに，本学教員のべ98名が参加し，学生との対話的な手法を取り入れた授業の設計や評価について研修を受けている（コラム「海外FDプログラムに参加して」を参照）。本プログラムでは，ワシントン大学が設計した研修内容に対して，受講者の意見をもとに大学総合研究センター側からも細かな要求を行い，毎年少しずつ改善を重ねてきた。海外協定大学とのFDは，プログラムの充実とともに認知度も上がってきている。より多くの教員の参加が叶うよう，今後も内容面を充実させていきたい。

2　Faculty Cafe

　早稲田大学では教員所属組織として10の学術院がある（2018年4月現在）。教授力強化の施策は学術院ごとに実施されており，本章第2節「1　大学総合研究センター前身のFD推進センター時代の取り組み」で述べたとおり，

FD推進委員会など，学術院を横断してFDについて検討する場はあっても，学術院を横断した教員コミュニティの形成は難しい。個別の学術院と関係なく，全学的な組織として設置された大学総合研究センターでは，本章第1節「1　実施主体・実施環境から捉える教育・学修支援の動向」で述べたFDカフェを参考に，教員が自発的に参加するFDの場として，Faculty Cafeを発案した。2015年11月から，教員の自発的な参加を促すインフォーマルな取り組みとして，実践共同体の形成を目指した相互研修型FDとして実施している。

　実践共同体形成を目指すFDの課題は，実践共同体への参加を促すための"仕掛け"の設定である。海外派遣型のFD参加者がFaculty Cafeに参加し，所属する学術院に関わらず，未参加の教員に経験を共有する，というように，少しずつではあるが，FD活動は広がりをみせている。

Column　海外FDプログラムに参加して

　米国ワシントン大学（UW）で開催されたFDプログラムで，以前から関心を持っていた米国の「アクティブ・ラーニング」について，現地での運用に間近に接する機会を得た。アクティブ・ラーニングの理論は，あるべき学習を，学生の「考えるプロセス」の観点から科学的に分析するもので，既修知識との接続，授業内での思考活動の促進，受講後の自発的な発展学習への接続等の観点から，多くの魅力的な提唱を行っている（Susan et al., 2010など）。授業の現場で，学生に研究や専門職に通じる学問の面白さを伝えたいという熱意をもって取り組んでおられる同僚諸氏にも，必ずや共感していただけるであろうコンセプトを秘めている。

　しかし，FD等を通じて，現場の教員に紹介されるアクティブ・ラーニングは，ともすれば技術論が先行し，現場感覚との違和感をもたせるほど，過激に響きがちである。最近の政治や行政で流行りの「数値目標」よろしく，所定のテクニック（コースナビや新型シラバス等）との応接度合いを競わされるのでは，肝心のコンセプトが歪んで伝わるおそれすらあると憂慮する。

　今回，ご専門の先生方とお話するうちに，そのようなFD推進に込められた「思い」は理解できるようになった。専門家は，四半世紀先あたりにはわが国も本格的に巻き込まれるかもしれないグローバル化された大学ないし高等教育市場の苛烈さを熟知され，早稲田大学のプレゼンスという意味でも，若手研究者のジョブ・マーケットにおけるプレゼンスへの配慮という意味でも，現状との乖離に焦りを感じておられる。

　とはいえ，現在の学生に対して責任を持つ現場の教員としては，テクニックの導入を自己目的化する方向性には賛同できない。UWでも，コンセプトに理解のある教員が，すべてテクニックを多用しているわけではない。テクニック自体，授業の多様な目的を受け止めた現場レベルでの開発が進められた結果，極めて多様化しており，アクティブ・ラーニングの認定要件のような特定のものがあるとは考えられていない。また，各授業が担う使命や授業環境との関係で，適切なテクニックや導入の程度が違って当然であると捉えられている。このような運用の実際から学ぶべきである。重要なのは，対話・問題発見能力の養成等を含む上記コンセプトの共有であり，各授業はそこで担うべき役割に応じた多様性を尊重されるべきである。それが却って，新たなテクニックの創造につながろう。

〔青木則幸〕

【文献】
- Susan A. A., Michael W. B., Michele D., Marsha C. L., Marie K. N., & Richard E. M. (2010). How Learning Works. San Fransisco: Jossey-Bass.

4 TAによる教育支援強化のための実践共同体形成

　教育・学修支援の3つの要素の1つとして，学生がTAとして教育補助に参画しており，本章第1節で言及した通り，その役割が重要性を増している。大学総合研究センターでは，早稲田大学が2017年度に導入した新しいTA制度に関し，①制度の設計と②制度の運用の2つの側面で関わっている。特に②のTA制度の運用においては，教育方法高度化につなげるために新たなTAを配置する授業の選定，TAが授業方法の高度化を支援するために必要な能力を身に付けるための育成プログラム開発・運営に取り組んでいる。本節では早稲田大学が導入した新しいTA制度の仕組みと，TAの実践共同体形成を視野にいれた育成プログラムについて見ていく。

1　早稲田大学における新TA制度の導入

　早稲田大学では，「Waseda Vision150」における「対話型，問題発見・解決型教育への移行」を視野に，Teaching Assistant（TA）制度を見直し，2017年4月から新TA制度を導入した。新制度では，TAを「カリキュラムTA」，「高度授業TA」，「授業TA」，「授業事務補助者[※1]」，「自学自修TA（Learning Assistant：LA）」に区分し，授業実施に対する各々の役割を明確化することで，授業の高度化や教育効果のさらなる向上を図ることを目的としている。また，学生自身が学修環境への参画を担うことにより，教育上の相乗効果も期待している。

　早稲田大学における従来のTA制度では，「教育補助（Teaching Associate：TAo）」と「教務補助（Teaching Assistant：TAiとStudent Assistant：SA）」の2種類に分けられていた（図4-3参照）。TAoは教育指導上の補助を行い（博士後期課程の正規学生が従事），TAiは教務上の補助もしくは事務補助（修士課程以上の正規学生が従事），SAは教務上の事務補助（学部の正規学生が従事）を行うこととなっていた。

　新TA制度では，TAiとSAの業務を細分化して，名称も変更することとした。新TA制度におけるTAの種別は次のとおりである。
　①　カリキュラムTA（旧TAo）：教員と指導方針を事前に共有し，指導時

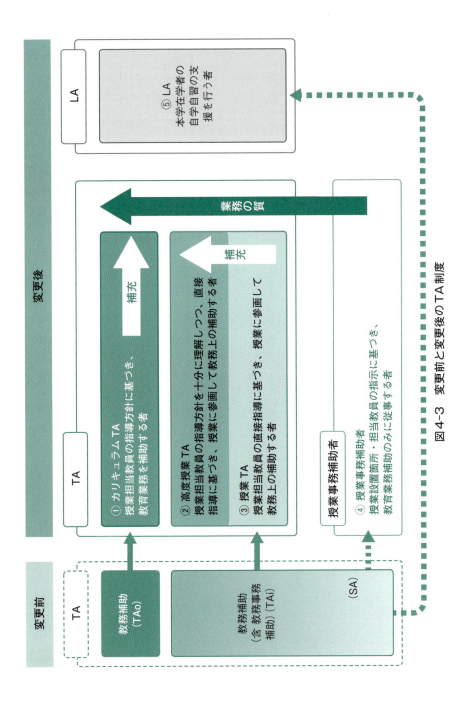

図4-3 変更前と変更後のTA制度

には教員からの直接指示を逐一受けずに，指導方針に従って自立的に授業運営や学修支援を行う。原則，博士後期課程の正規学生が従事する。

②　高度授業TA：教員と指導方針を事前に共有し，教員の直接指示を受けながら，学修効果の高い授業運営補助業務を行う。主に，高い教育効果が見込まれる授業形態（反転授業やアクティブ・ラーニングなど）を取り入れた科目および実験・実習・実技科目の質向上に資する学修支援に携わる。原則，修士課程以上の正規学生が従事する。

③　授業TA：教員の直接指示に基づき，学修効果の高い授業運営補助業務を行う。原則，修士課程以上の正規学生が従事する。

④　授業事務補助者：事務職員等の指示に基づき，授業運営に必要な定型的な事務補助業務を行う。原則，学部以上の正規学生が従事する。

⑤　自学自修TA（Learning Assistant：LA）：業務管理者の直接指示に基づき，学生の自学自修の支援を行う。支援は，主に特定の施設での待受型とし，単位取得や特定の授業に関わらず総合的な学修に携わる。原則，学部以上の正規学生が従事する。

新TA制度における大きな変更点は，高度授業TAと授業事務補助者が新たに策定されたことである。教員とともに授業の運営や改善などに参画する学生は「高度授業TA」として授業を支援し，事務職員等とともに定型的な業務を行う学生は「授業事務補助者」として授業を支援することとなった。このことにより，従来はTAに共通する業務や必要なスキルが「業務マナー」や「就業上の規則」等だけであった状態から，「高度授業TA」については共通して教授法に関連する支援スキルが求められるようになり，全学的な育成プログラム開発につながっている。

なお高度授業TAは，予め選定された授業にのみ配置される制度となっており，選定の要件は大学総合研究センターで決定している。高度授業TAを配置することによって，授業の高度化や教育効果の向上につながる授業形態であることや，高度授業TAを教育効果の高い学修支援に活用することを要件としているほか，選定された授業は教員による授業見学対象として公開するなど，FDの取り組みと連動させている。

2　早稲田大学における高度授業TA研修プログラムの開発と評価

　高度授業TAは，積極的にアクティブ・ラーニングの支援や授業改善の提案などを行うことが期待されている。高度授業TAは，従来のTA同様，マナーや心構え等の基本項目の学習に加え，授業運営補助業務を行うために追加的なトレーニングが必要となる。そこで，本センターでは，高度授業TAとなる学生向けに研修プログラムを開発し，高度授業TAとして円滑に業務を遂行できるような仕組みの整備に着手している。

　高度授業TA向けの研修プログラムでは，必修として受講するオンデマンド形式の研修と任意で受講する対面式研修の2つを開発した。オンデマンド形式の研修では，(1) 高度授業TAとは，(2) 授業設計のポイント，(3) 早稲田大学における対話型，問題発見・解決型教育，(4) ルーブリックを活用した教育評価と題する4つの動画コンテンツと確認テスト（全6問）を作成した。高度授業TAは，将来大学教員として教育に関わる可能性がある。その際に，インストラクショナル・デザインやアクティブ・ラーニングとその評価の知識を有することは有益であると考えられるため，FD研修動画コンテンツ（本章第5節「1　対話型，問題発見・解決型教育支援ツールの開発」参照）と同様のものを高度授業TAの研修コンテンツでも使用している。

　対面式研修では，前述した4つの動画コンテンツの受講を前提に，アクティブ・ラーニング手法を取り入れたワークショップを行っている。2017年4月に行った対面式研修は，(1) 研修の目的の説明，(2) アイスブレークの実施，(3) 早稲田大学のTAの種別と業務内容の説明，(4) 高度授業TAの心得の説明，(5) グループワーク（2つ）の実施から構成された。なお，オンデマンド形式の研修と対面式研修の受講修了者には，それぞれの受講認定証を発行することとしている。

　TA研修プログラムは学部を超えて行っており，TA業務の内容や経験を共有することにより互いに切磋琢磨し（コラム「高度授業TAの活躍から」を参照），Faculty Cafeの目的と同様，TAカフェの開催を通して実践共同体の一部を形成している。

Column　高度授業TAの活躍から

　高度授業TA制度は，学生に対してきめ細かい指導が実現できる新しいTA制度である。アメリカの高等教育においては，院生がTAに従事し，学生を指導することは当然のように行われている。それに対して，日本では「学部教育におけるきめ細かい指導実現」という目的を達成するため，TA制度を導入しているものの，実際のところ，授業での補助的作業に留まっている場合が多い（松下，2013）。近年の授業改善やFDが盛んに求められる流れの中では，高度授業TA制度を活用することで，単なる授業補助を超え，教員の負担を軽減しつつ大学における授業改善にも大きく貢献できると考えられる。

　また，高度授業TAにとって，教員とともに授業デザインや実施に参画することは自らの教育能力を磨きながら，未来の大学教員になるための準備の機会にもなる。現在，日本では，院生の教育力を向上するプレFDが国立大学を中心に行われており，実践の機会の少ないことが課題として指摘されている。このように私立大学で制度化され，TAが実際の授業実践に関わるケースは少なく，新しいチャレンジと言えよう。

　ここでは，大人数講義で活躍しているTA，授業デザインから授業の実行までを担うTAの2つの事例を紹介したい。

　はじめに，約200人が受講しており，試行的にアクティブ・ラーニングを導入している講義形式の授業における高度授業TAの事例について紹介する。この授業では，修士や博士課程の学生7名のTAが担当していた。授業が始まる前に，TAによって編成されたグループがスライドで示され，グループワークの時間帯には，TAが各グループの間を歩きまわり，ディスカッションのファシリテーションを行っていた。学生も積極的に手をあげ，彼らに課題の確認やワークの進め方などに関する説明を求めていた。大教室で人数が多いものの，TAは各自の持ち場を決めており，円滑に学生の対応をすることができた。授業後，教員とのリフレクションの場を設け，学生の課題チェックも行った。担当教員の話によると，教員の意図や授業内容の理解度の高いTAたちが，教室全体を見ながらアドバイスや議論をファシリテーションすることで，授業がうまく回ったということであった。

　次に，授業デザインから授業の実行までを担う高度授業TAの事例について紹介する。約20人のアクティブ・ラーニング型授業において，授業デザ

インから実行までを全て高度授業TAが中心に行っていた。この授業では，一般的に指摘されているようなアクティブ・ラーニング型の授業の問題，すなわち，「知識（内容）と活動の乖離」（松下，2015）は見られなかった。ディスカッション等の活動の後，すぐに活動を組み込んだ意図や授業内容との関係を説明し，授業内容と活動がよく結びついていた。授業はTAが中心に行っており，学生がグループワークをしている間に教室中を巡回しながら，適宜学習を促す言葉をかけ，学生の理解度を常に確認する配慮を見せていた。

　高度授業TAが活躍している2つの授業実践から共通して分かるように，高度授業TA制度は，学生へのきめ細かい指導が可能となる。実際に，教場で活躍しているTAの姿を見て，この制度によるさらなる教育改善が期待される。

　高度授業TA制度は始まったばかりで，試行錯誤の段階にある。しかし，上記のようなTAの活躍を見て，早稲田大学の教育がますます改善されていくことを期待したい。
〔蒋 妍〕

【文献】
- 松下佳代（2013）「日本の大学教員養成システムとOD問題」田口真奈・出口康夫・京都大学高等教育研究開発推進センター編著『未来の大学教員を育てる——京大文学部・プレFDの挑戦』勁草書房，pp.67-82.
- 松下佳代・京都大学高等教育研究開発推進センター編著（2015）『ディープ・アクティブラーニング』勁草書房.

5 実施環境としての教育方法・教育設備

　ここまで本章第2節と第3節では教育方法高度化を実現するための実践共同体を形成していく主体としての教員と学生に対する大学総合研究センターの取り組みについて紹介してきた。本節では，教育方法高度化のための環境整備の事例を紹介する。

　早稲田大学が中長期計画のWaseda Vision150の中で，「対話型，問題発見・解決型教育への移行」を掲げ，その施策を進めてきたことは本章第2節「2　早稲田大学における教育・学修支援の取り組み」において述べた。大学総合研究センターでは，教育・学修支援の観点から，この「対話型，問題発見・解決型教育」について，教職員，学生の理解を促す試みを実施してきた。本節では，①手法・ツールの開発・導入の事例及び②施設・設備の導入について紹介する。

1　対話型，問題発見・解決型教育支援ツールの開発

　対話型，問題発見・解決型教育の普及を推進するためのツールの1つとして，大学総合研究センターでは，「対話型，問題発見・解決型教育導入のための手引き」を開発した（石井，2016）。Waseda Vision150で掲げている「対話型，問題発見・解決型教育」の概念を教育の場で実践していくためには，具体的な教育手法として枠組みを整理し，教職員や学生が理解しやすい形で提示する必要がある。授業のフェーズとそれに応じた教育手法を整理することによって，授業の中に対話型，問題発見・解決型教育を導入することができる。そのため，この手引きでは，授業の構成において重要と考えられるフェーズであるアイスブレーク，導入，展開，リフレクション，評価のカテゴリーに分けて，それぞれのカテゴリーにおける教育手法を紹介している。表4-1にその概要を示す。教育手法の選定にあたっては，エリザベス・パトリシア・クレア（2005）及び中井編著（2016）を参考にした。

　この手引きにおいては，それぞれの教育手法を1ページでまとめており，推奨する活動の人数と想定される所要時間を示した上で，授業で行う活動を説明している。活動の人数と所要時間を掲載することで，教員が自身の担当

授業で活用できそうなものを見つけやすくしていることが、この手引きの特徴として挙げられる。

表4-1　授業フェーズごとの教育手法

授業のフェーズ	活動名
アイスブレーク	三つ選んで自己紹介 アタック25
導　入	シンク・ペア・シェア ピア・インストラクション ラウンドロビン バズ・グループ
展　開	ペイパー・セミナー スリー・ステップ・インタビュー ピア・エディティング コラボラティブ・ライティング マイクロディベート クリティカル・ディベート センド・ア・プロブレム ケーススタディ ストラクチャード・プロブレム・ソルビング グループ・インベスティゲーション
リフレクション	ミニッツペーパー レビューシート
評　価	ルーブリック評価 ポートフォリオ評価 相互評価

　対話型、問題発見・解決型教育の手引きに掲載している教育手法は、今後も追加していくことを想定しており、随時改訂が可能となるよう、2018年4月現在、大学総合研究センターのホームページ上で日本語版と英語版を公開している。[※2]

　対話型、問題発見・解決型教育導入のための手引きと関連して、実際に教室で対話型、問題発見・解決型教育を行う際に、役に立つと考えられるアク

ティブ・ラーニングTips動画を開発している。2018年4月時点では、グループディスカッション、ピア・インストラクション、わせポチ（スマートフォン、タブレット、PCなどインターネットに接続できる端末から学生にリアルタイムでアンケートを回答させることができるウェブ版クリッカー）、リフレクションの手法、ジグソー法（実践編）、シンク・ペア・シェア（実践編）、ラウンドロビン（実践編）の動画を公開している。図4-4はピア・インストラクションの動画の例である。

アクティブ・ラーニングTips動画は、1本が1～3分程度の短いもので、短い時間でアクティブ・ラーニング手法を理解できる点が大きな特徴である。教職員が集まる場などで短時間上映し、教育手法への関心を喚起するものである。手引きを書面で読むよりも、動画を用いた方が説明をしやすい手法（例えば、ジグソー法やグループディスカッションなど）を中心に開発しており、アクティブ・ラーニング手法が実際に教室でどのように行われるのかを知ることができる。

それに加えて、本章第3節で言及したとおり、教員の教授力強化のため、教育方法高度化のための個別学習コンテンツ開発も行っている。この学習コンテンツとして、2017年4月に、全教員向けにオンデマンドFD研修動画コ

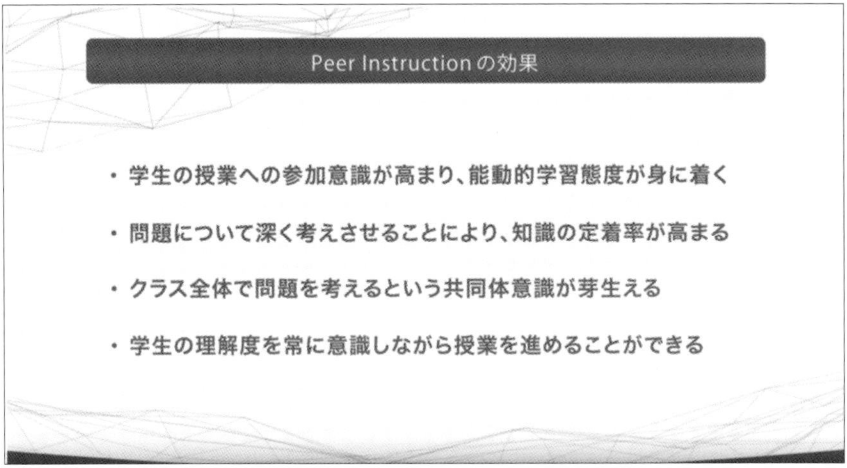

Peer Instructionの効果

・学生の授業への参加意識が高まり、能動的学習態度が身に着く
・問題について深く考えさせることにより、知識の定着率が高まる
・クラス全体で問題を考えるという共同体意識が芽生える
・学生の理解度を常に意識しながら授業を進めることができる

図4-4　アクティブ・ラーニングTips集動画の例

ンテンツを公開した。コンテンツの開発に当たっては，大阪大学全学教育推進機構教育学習支援部における全学FDプログラムや日本教育工学会（2017）などを参考にした。本コンテンツは，高度授業TAのオンデマンド研修においても活用しており，教授力強化及びTAによる教育支援強化のための実践共同体形成を推進するための基盤となる内容をコンテンツとして開発している。表4-2に，オンデマンドFD研修の内容を示す。

表4-2　オンデマンドFD研修動画コンテンツ

カテゴリー	コンテンツ名
基　盤	大学総合研究センターとは
基　盤	高等教育とFD（Faculty Development）
基　盤	教学IR
基　盤	リーダーシップ教育
授業設計	授業設計のポイント
教育方法	早稲田大学における対話型，問題発見・解決型教育
教育方法	自動収録システムを活用した授業実践
教育方法	TA制度について
教育方法	TA活用の実践
学習評価	ルーブリックを活用した教育評価
学習評価	授業評価アンケートの利活用

　カテゴリーは基盤・授業設計・教育方法・評価方法の4つからなる。それぞれのカテゴリーの必須視聴コンテンツとして高等教育とFD，授業設計のポイント，早稲田大学における対話型，問題発見・解決型教育，ルーブリックを活用した教育評価を先行公開している（2018年5月時点）。
　必須視聴コンテンツの概要を紹介する。「高等教育とFD」では，大学をとりまく構造的な変化や早稲田大学の学生の資質の変化などに触れ，なぜFDが必要なのかという点について説明している。「授業設計のポイント」では，インストラクショナル・デザインに基づきながら，1回ごとの授業設

計のポイントについて，事例を挙げながら解説している。「早稲田大学における対話型，問題発見・解決型教育」では，授業方法を考える理由として，教授学習観の転換や大学のユニバーサル化に触れ，講義タイプの授業における効果的な対話型，問題発見・解決型教育について紹介している。「ルーブリックを活用した教育評価」では，対話型，問題発見・解決型教育の効果を測定する一つの手段として，ルーブリック評価を取り上げ，その作成手順について解説している。それに加えて，開発したオンデマンドFD研修に基づく反転授業形式のセミナーをデザインして，海外協定大学と連携したFDの参加者に対して，試行的に実施している。今後，教学IRやリーダーシップ教育（コラム「大学リーダーシップ教育の全国展開」参照），授業評価アンケートの利活用などの動画を開発・配信する予定である。

2　アクティブ・ラーニングに対応した教室とラーニング・コモンズの連動

本節では，アクティブ・ラーニングに対応した教室の導入や，ラーニング・コモンズの設置など，教育方法を高度化していくために整備された施設・設備等について紹介する。

自動収録システム

映像収録の方法には，大きく分けて，スタジオ収録，個人収録，教場収録の3つがある。スタジオ収録は，クオリティの高い映像コンテンツを作成するのに適している。しかし，スタジオのスケジュール管理やスタッフの確保など，さまざまな業務やコストが発生する。一方，個人収録は，スタジオ収録と比較してクオリティが落ちるものの，教員が自分の研究室で映像コンテンツを作成できる点ではハードルが低い。ただし，教員が自分で機材を設置したり，編集したりする必要があるため，一定程度のスキルを求められる。教場収録は，オンザフライとも呼ばれ，ライブ感のある映像コンテンツを作成することが可能である。しかしながら，教場収録は，撮り直しをすることが出来ないのが欠点として挙げられる。

本学では，収録や編集の労力を軽減するため，いくつかの教室に，自動収録システムを導入した。学内のWebサイトから予約をすると，設定した時刻に合わせて自動的に録画をすることが可能である。

このシステムを活用した事例として，法学学術院の上野達弘教授は，自動収録システムを使って「法学演習（知的財産権法）」を録画している。そして，その録画映像を，ディベートの予習と振り返りに活用している（上野，2017）。また，教育・総合科学学術院の神尾達之教授と福田育弘教授は，「複合文化学演習」のプレゼンテーションとディスカッションの映像を自動収録している。そして，ゼミ専用のネット掲示板を使って，プレゼンテーションの感想や意見などを相互評価し，さらに議論を深めている（神尾，2017）。
　以上の事例のように，自動収録システムは，教員の負担を軽減するとともに，より多くの授業映像を蓄積することに寄与している。

ラーニング・コモンズ

　Waseda Vision 150では，「対話型，問題発見・解決型教育への移行」として，従来の講義中心の授業から，より対話的な授業への転換を進めている。今後さらに問題発見・解決型の授業を実施していくためには，個人学習からグループ学習に移行するとともに，学生の自学自修を促していく必要がある。これに対応する施設整備を考えたとき，従来の自習室は学生が個人で学ぶ場所であって，静謐性を求められるなど，グループでの対話による学習には向かなかった。早稲田大学においては，ラーニング・コモンズ「W Space」を設置した。W Spaceの名称は，本学の学生が自由な発想に基づいて，早稲田大学に企画提案を行うWaseda Vision150における学生参画活動の一つである「Waseda Vision150 Student Competition」の2012年度金賞受賞提案を受けたもので，学生の自学自修を支援する施設として，全学に展開されつつある。W Spaceは「対話型，問題発見・解決型教育」と連動している。例えば，2014年度に3号館2階に設置されたW Spaceは「対話型，問題発見・解決型教育」を支援する様々なICT設備が導入された「CTLT教室」と隣接しており，2015年度に7号館1階に設置されたW Spaceは同じ7号館の2階，3階のアクティブ・ラーニング教室に対応する形で整備された。また，W Spaceでは学生の対話，自学自修を促すための支援機能の充実を進めており，ホワイトボードやPCに対応したモニターの設置のほか，全学への普及に先立ち，新たなICTツールを試行的に導入している。

6 おわりに

　本章では，教育・学修支援を教員・事務職員・学生という3つの実施主体と教育方法・教育設備からなる実施環境という2つの観点から捉え，早稲田大学における取り組みを紹介してきた。

　大規模大学において，全学的に新しい教育制度や教育方法を普及するために，教育・学修支援を行うことは質保証の仕組みなども構築する必要があり，様々な困難を伴う。早稲田大学では，実践共同体というコンセプトを基に，FDや高度授業TA制度などを構築し，また教育方法については全学的にマニュアルやオンデマンドコンテンツなどを開発し，教育・学修支援を進めている。

　次なるステップとしては，教育効果の成果測定が挙げられる。具体的には，高度授業TA制度を導入した授業における教育効果は，これまでの授業とどう違うのか，またFDを受講した教員の授業はどのように変容したのか，アクティブ・ラーニングはどの程度普及しているのかなど様々な観点から教育効果の成果測定を行っていく必要がある。

【注】
※1：授業事務補助者はTAの枠組みに入っていないが，本コラムでは，便宜上TA制度の一部として取り扱う。
※2：日本語版は，https://www.waseda.jp/inst/ches/guideline/publication/ より公開しており，英語版はhttps://www.waseda.jp/inst/ches/en/guideline/publication/ より公開している。

【文献】
- Beach, A. L., & Cox, M. D. (2009) The Impact of Faculty Learning Communities on Teaching and Learning, Learning Communities Journal, 1 (1), 7-27.
- 千葉美保子 (2016)「主体的な学びを促進するための学習支援構築に向けて――学生へのヒアリング調査から」『高等教育フォーラム』6, 97-102.
- 呑海沙織・溝上智恵子・金子芙弥 (2015)「日本の高等教育機関図書館におけるラーニングコモンズの現状」溝上智恵子編著『世界のラーニング・コモンズ――大学教育と「学び」の空間モデル』樹村房，pp.247-261.
- 中央教育審議会 (2008)『学士課程教育の構築に向けて（答申）』http://www.mext.go.jp/b_menu/shingi/chukyo/chukyo0/toushin/1217067.htm (2018年7月19日)
- 中央教育審議会 (2012)『新たな未来を築くための大学教育の質的転換に向けて――生涯学び続け，主体的に考える力を育成する大学へ（答申）』http://www.mext.go.jp/b_menu/shingi/chukyo/chukyo0/toushin/1325047.htm (2018年7月19日)
- 大学評価・学位授与機構 (2011)『高等教育に関する質保証関係用語集（第4版）』.
- Barkley, E. F., Cross, K. P., & Major, C. H. (2005) Collaborative Learning Techniques: A Handbook for

- College Faculty. San Francisco: Jossey-Bass. E・F・バークレイ，K・P・クロス，C・H・メジャー（安永悟監訳）(2009)『協同学習の技法──大学教育の手引き』ナカニシヤ出版．
- 北海道大学（2015）『北海道大学・全学教育ティーチング・アシスタントマニュアル』https://high.high.hokudai.ac.jp/wp-content/uploads/2015/04/15TAM.pdf（2018年7月19日）
- 小山憲司（2012）「国内の大学図書館におけるラーニング・コモンズの現状──アンケート調査を中心に」加藤信哉・小山憲司編訳『ラーニング・コモンズ──大学図書館の新しいかたち』勁草書房，pp.203-269．
- 石井雄隆（2016）『「対話型，問題発見・解決型教育」導入のための手引き』早稲田大学大学総合研究センター教育方法研究開発部門．
- Ishii, Y. (2018) The Handbook of Interactive Problem Finding and Solving Style of Education: An Introductory Guide for Your Classroom. Center for Teaching, Learning, & Technology, Center for Higher Education Studies, Waseda University.
- Japan Study (2013) Japan Study and Waseda University 50 years of International Exchange. Waseda University.
- Lave, J., & Wenger, E. (1991) Situated learning: legitimate peripheral participation. Cambridge: Cambridge University Press. J・レイブ，E・ウェンガー（佐伯胖訳）(1993)『状況に埋め込まれた学習──正統的周辺参加』産業図書．
- 神尾達之（2017）『欠席した学生のフォローから，プレゼン能力の向上まで。自動収録システムの活用で，ゼミの利便性と可能性を広げる』http://www.quon.asia/yomimono/waseda/GP/2017/03/06/5940.php（2018年7月19日）
- 関西大学（2012）『三者協働型アクティブ・ラーニングの展開　平成23年度成果報告書』http://www.kansai-u.ac.jp/algp/H23GP_Report.pdf（2018年7月19日）
- 北野秋男（2006）「大学の授業改善とFD活動」北野秋男編著『日本のティーチングアシスタント制度』東信堂，pp.67-82．
- 栗原正仁（2006）「TAの単位化」小笠原正明・西森敏之・瀬名波栄潤編著『TA実践ガイドブック』玉川大学出版部，pp.50-66．
- 文部科学省（2007）『大学設置基準等の一部を改正する省令等の施行について』http://www.mext.go.jp/b_menu/hakusho/nc/07091103.htm（2018年7月19日）
- 文部科学省（2010）『用語解説』http://www.mext.go.jp/b_menu/shingi/gijyutu/gijyutu4/toushin/attach/1301655.htm（2018年7月19日）
- 文部科学省（2017）『平成27年度の大学における教育内容等の改革状況について（概要）』http://www.mext.go.jp/a_menu/koutou/daigaku/04052801/__icsFiles/afieldfile/2017/12/13/1398426_1.pdf（2018年7月19日）
- 森田裕介・渡邉文枝・石井雄隆・山岸直司（2017）「実践共同体の形成を目指したファカルティデベロップメントのデザインと実践」『日本教育工学会第33回全国大会論文集』15-16．
- 中井俊樹編著（2016）『アクティブ・ラーニング』玉川大学出版部．
- 日本教育工学会（2017）「大学教員のためのFD研修会ワークブック」日本教育工学会．
- 沖裕貴（2015）「「学生スタッフ」の育成の課題──新たな学生参画のカテゴリーを目指して」『名古屋高等教育研究』15，5-22．
- 大阪大学全学教育推進機構教育学習支援部．http://www.tlsc.osaka-u.ac.jp/（2018年9月26日）
- 杉原真晃（2006）「大学教育における「学習共同体」の教育学的考察のために」『京都大学高等教育研究』12，163-170．
- 田口真奈・出口康夫・京都大学高等教育研究開発推進センター編著（2013）『未来の大学教員を育てる──京大文学部・プレFDの挑戦』勁草書房．
- 田口真奈・松下佳代（2013）「プレFDとは何か」田口真奈・出口康夫編著『未来の大学教員を育てる──京大文学部・プレFDの挑戦』勁草書房，pp.83-97．
- 竹内比呂也・白川優治・山崎千鶴・井上真琴（2016）「これからの大学における教育・学修支援の専門性」『大学教育学会誌』38 (2)，99-103．
- 田中一孝・畑野快・田口真奈（2014）「プレFDを通じた大学教員になるための意識の変化と能力の獲得──京都大学文学研究科プレFDプロジェクトを対象に」『京都大学高等教育研究』20，81-88．
- 田中毎実（2003）「ファカルティ・ディベロップメント論──大学教育主体の相互形成」京都大学高等教育研究開発推進センター編著『大学教育学』培風館，pp.87-106．
- 田中毎実（2013）「京都大学のプレFD活動──相互研修型FDをめぐる葛藤史に焦点づけて」田口真奈・出口康夫編著『未来の大学教員を育てる──京大文学部・プレFDの挑戦』勁草書房，pp.99-105．

- 東北大学高度教養教育・学生支援機構（2015）『2014年度東北大学大学教員準備プログラム／新任教員プログラム報告書』.
- 津嘉山淳子・Stephen A. Templin（2011）「名桜大学言語学習センターの活動とCRLA証明書（ITTPC）」『第1回JADEテーマ研究会国際的保証制度ITTPC認定プログラムによる学生チューターの育成と学習支援予稿集』22-23.
- 上野達弘（2016）「学生が，より説得力のあるディベートを行えるように自動収録システムで録画した映像の活用を推奨」http://www.quon.asia/yomimono/waseda/GP/2016/07/01/5941.php（2018年7月19日）
- 早稲田大学理事会（2012）「Waseda Vision150」http://www.waseda.jp/keiei/vision150/about/index.html（2018年7月19日）
- 渡邉文枝・森田裕介（2018）「高度授業TAを育成するための研修プログラムの開発と評価」『第24回大学教育研究フォーラム発表論文集』135.
- 山地弘起・川越明日香（2012）「国内大学におけるアクティブ・ラーニングの組織的実践事例」『長崎大学大学教育機能開発センター紀要』3, 67-85.

> **Column**　大学リーダーシップ教育の全国展開

1　立教大学での取り組み

　筆者は前任校の立教大学では経営学部で必修科目を含む5学期7科目のリーダーシッププログラムを2006年から，さらに全学の選択科目として2013年から別のプログラムを立ち上げた。その過程は，他大学にない科目群であったために教科内容の組み立てや改善はもちろんであるが，保守的な大学の組織風土のなかで組織内起業とも言うべき手法でリソースを調達してプログラムを拡大した面が主にFDや大学教育改革の文脈で注目された（日向野，2013; 日向野・松岡，2017）。また，学内での注目や支援は，大学以外の大きな組織でもしばしば起きることであるが，外部での注目のあとになってようやくやってきた。他方，学習目標としての「権限がなくても発揮するリーダーシップ (leadership without authority)」は，このプログラムでは2006年度発足当時から標榜していたが，社会的な注目がこのリーダーシップ自体に集まったのも2013年頃からであった。

2　早稲田大学での立ち上げ

　早稲田大学は創立150周年である2032年を目指した二十年計画として2012年に「WASEDA Vision150」を発表した。そのなかで毎年1万人のグローバル・リーダーを育成できるようになるという目標が掲げられており，単にお題目ではない本格的なリーダーシップ教育の必要性があった。筆者が2016年度から早稲田大学でリーダーシッププログラムを立ち上げることになったのもその文脈からである。

　筆者は2005年から立教大学ではリーダーシップ教育の経験があったが，早大生への教育経験は皆無であったから，早大生に適した授業方法に近づけるための経験を積むべく，正規に科目を立ち上げるのに先立って，単位のないパイロット版を2015年に試行した。ところが，募集方法が適切でなかったためか，パイロット授業に集まってきた学生は，リーダーシップに興味があるというよりはPBLや産学連携に主な興味をもっているだけであった。実際，このパイロット授業からリーダーシップ授業へとそのまま引き続き受講してくれたのは二十数名のうちのわずか2名であった（この2名は在学中ずっと熱心な協力者であった）。

学生の傾向という話を続けるなら，早大生の特徴とも思える思考法に気づいたのはパイロットから3年目，つまり2017年度になってからである。リーダーシップ授業の2番目の科目LD2に，相互支援のためのフィードバックを練習する時間帯が頻繁にあるのだが，支援を求めることが非常に苦手な学生がかなりの数居ることを発見したのである。またその裏返しであるが，支援を与えることについても，不必要に優越感にひたったり，あるいは相手が劣等感をもつのではないかと気遣いすぎて支援できなかったりする現象が起きるのである。これをリーダーシップ論の言葉で言い換えるなら，リーダーシップとは優越であり，凌駕であるという思い込みの裏返しである。そう気づいて，グループワークでしばしば同僚を論破しようとする学生がいることも納得がいった。論破することで初めてリーダーシップをとれると確信しているのである。

　いったんそのように言語化してあちこちで話してみると，他大学でもそのような学生は少なくないと耳にするようになった。11年間居た立教ではそのようなことはほとんど無かったので，立教がむしろ特殊であったのか，私がブラインドであったのかもしれない。それはともかく，早稲田大学では相互支援に抵抗をなくすトレーニングの比重を上げるようにプログラム修正をはかっている。もともと，Waseda Vision150に寄せて早稲田大学に長い人々が回想して言う「昔の早稲田は『危機や孤立に強いリーダー』を輩出していた」ということが事実であったのか，事実であったとして現代必要とされているリーダーシップなのか（特にマスキュリンな偏りがないか），必要だとしてどのようなトレーニングが有効なのか，等はリサーチを続けていく予定である。

　このように予想したとおり試行錯誤で始まったが，幸いなことに開始半年後に「他者のリーダーシップ開発1」について，早稲田大学ティーチング・アウォードをいただけた。

3　早稲田LDPの概要

　早稲田大学リーダーシップ開発プログラム（LDP）は全学対象オープン科目を提供するグローバル・エデュケーション・センター（GEC）に置かれており，以下のような特徴を持つ。
1）学習方法として全科目で経験学習とアクティブ・ラーニングが採用されており，TAが非常に重要な役割をはたす。
2）学習目標として全科目で「権限がなくても発揮できるリーダーシップ（leadership without authority or shared leadership）の涵養」が採用され

ている。
3）PBLとスキル養成の学期が交互に設置されている。
4）受講生は全学部・全キャンパス・全学年の混成でクラスが構成されており，最初から受講生の相応のダイバーシティがある。
5）学生が自分自身のリーダーシップを開発することに重点をおくLD1からLD4の科目群と別系統で，「他者のリーダーシップ開発（OD1-4）」が設置されており，TAの養成も目的の1つである。
6）授業は全てクォーター制で提供され，クォーター制の本来の目的に沿って，LD1から4は，9月始まりの4学期1年間と4月始まりの4学期1年間と，どちらでも修了可能であるし，逆にもっと長期に渡る履修も可能であって，学年学期に縛られず，間に国内外の留学をはさむことを含めて，多様で自由な履修計画に対応している。

　これらのうち1）から4），および5）の一部は立教大学でも行ってきたことであり，翻って著者が全国の大学からリーダーシッププログラムの設計相談を受けるときにも積極的に推薦してきたことでもある。その経緯については日向野・松岡（2017）の最終章を参照されたい。また，早稲田大学でのプログラム改善過程の詳細については，日向野（2018）をご覧いただけると幸いである。「権限がなくても発揮できるリーダーシップ」については，コミベズ・ルーカス・マクマホン（2017），ハイフェッツ・リンスキー・グラショウ（2017），石川（2016），日向野（2015）などを参照されたい。

4　早稲田と全国の大学でのリーダーシップ教育の今後

　著者は当初立教大学独自のプログラムとしてリーダーシッププログラムをブランディングすることを想定していた。実際2006年に立ち上げたときには，学部レベルの正課科目で必修を含むものは国内でほかに見当たらなかったので，立教で成果を上げれば自動的にその目標は達成されると考えたのである。しかし2011年ごろからまず学外で顕著な評価を受け始め，学内の認知度もそれに追いついてきた時点で，日本の若者のおかれた状況を考慮すると，学部生リーダーシップ教育のノウハウを個別大学の独占物であり続けるように行動することが大学の役割として良いこととは筆者には思えなくなるに至った。そこで立教のリーダーシッププログラム担当の教員の間では，次のゴールを「全国の大学・高校にリーダーシッププログラムがあること」に置き，自主的にそのための活動を始めることにした。國學院大學・淑徳大学・早稲田大学でのコン

サルティングもその活動の一環である。

　今後は，早稲田大学のほか，全国普及推進運動の趣旨に賛同を得られれば立教大学なども加えてこの動きを加速したい。リーダーシップ教育の少し前から盛んなアクティブ・ラーニング推進は，実は教室の中での学生・生徒のリーダーシップ推進と同義であるから，教室内でできたことを教室外でも実践できるように学生・生徒を励ますことが，リーダーシップ教育の第一歩になる。そのような考えに基づいて，アクティブ・ラーニングの目的を単に教科内容の定着に終わらせずライフスキルとしてのリーダーシップの獲得におくような自主的な活動を有志高校教員とともに2017年度から開始したところであり，目下，大学生や大学教職員を対象としたリーダーシップ教育普及活動とこの高大連携活動をリンクさせることを構想している。　　　　　　　　　　〔日向野幹也〕

【文献】
- 石川淳（2016）『シェアード・リーダーシップ』中央経済社．
- Susan, R. K., Nance, L. & Timothy, R. M. (2013) Exploring Leadership: For College Students Who Want to Make a Difference. San Francisco: Jossey-Bass. R・スーザン・L・ナンス・R・M・ティモシー（日向野幹也監訳）(2017)『リーダーシップの探求――変化をもたらす理論と実践』早稲田大学出版部．
- Ronald, H., Alexander, G., & Marty, L. (2009). The practice of adaptive leadership: tools and tactics for changing your organization and the world. Boston, Mass: Harvard Business Press. H・A・ロナルド・G・アレクサンダー・L・マーティ（水上雅人訳）(2017)『最難関のリーダーシップ』英治出版．
- 日向野幹也（2015）「新しいリーダーシップ教育とディープ・アクティブラーニング」松下佳代編著『ディープ・アクティブラーニング』勁草書房．
- 日向野幹也（2013）『大学教育アントレプレナーシップ』ナカニシヤ出版, pp.241-260．
- 日向野幹也・松岡洋佑（2017）『大学教育アントレプレナーシップ　増補版』Bookway．
- 日向野幹也（2018）「早稲田大学でのリーダーシップ開発」舘野泰一・高橋俊之編著『リーダーシップ教育のフロンティア【研究編】――高校生・大学生・社会人を成長させる「全員発揮のリーダーシップ」』北大路書房, pp.130-148．

第5章

早稲田大学における遠隔教育の普及と推進

石井雄隆・中野美知子・渡邉文枝・山田晃久

1 はじめに

　本章では，遠隔教育センター時代から大学総合研究センターに至るまでの早稲田大学における遠隔教育やeラーニングの普及と推進について紹介する。はじめに，国内におけるeラーニングの動向について概観し，2002年に設置された遠隔教育センターで行われたLearning Management System（LMS）の開発やeラーニングに関わる取り組みを紹介する。その後，遠隔教育センターとFD推進センターの機能を包摂して誕生した大学総合研究センターにおけるMOOCの開発と評価について紹介する。早稲田大学において15年間に渡って行われてきたeラーニングの試みを振り返り，今後のeラーニングの展望について考えることを本章の目的とする。

2 国内におけるeラーニングの動向

　本節では，高等教育におけるeラーニングのこれまでの動向について論じる。日本の大学における遠隔教育の先駆的な事例は，清水・前迫（1987）によって報告されている。この東京工業大学の事例では，キャンパス間を光ファイバーで接続した遠隔講義について報告している。また慶應義塾大学の事例では1997年にオンラインで授業を行う大学「Wide University School of Internet: WIDE」を発足させ，インターネットを用いた高等教育の萌芽的な実践を行っている（吉田，2009）。
　1997年から2001年は，遠隔教育にとって大きな影響を与える制度的な変

化が起きた。詳細は吉田（2005）において詳しく言及されているが，大きなポイントとしては2点あげられる。1点目は，1997年に遠隔授業が単位化されたということ，もう1点は2001年3月の大学設置基準の改定により，60単位まで遠隔授業が認定されるようになったことである。ここで言及している遠隔授業とは，同期型集団学習の遠隔授業である。すなわち，遠隔地をテレビ会議などで接続して行うような授業形式を指している。また，大学通信教育設置基準も改定され，124単位すべてをインターネットによる授業によって単位の取得が可能となった。こうした背景から，多くの大学でeラーニングが普及した。

　大学設置基準の改正後の各大学におけるeラーニングの取り組みについていくつか例を挙げたい。東京大学では2002年4月にiii onlineを開始した。その取り組みは山内（2005）において詳しく紹介されているが，社会人大学院生の学習機会の確保，大学院の情報公開，学習過程の透明化と改善の3つを目標に掲げ，2000年に設置された独立大学院である大学院情報学環，学際情報学府で展開された東京大学初のeラーニングであった。佐賀大学も2002年度前期に「21世紀のエネルギーと環境問題」という科目を開講し，2002年度後期にはさらに3科目を開講した（穗屋下，2004）。東北大学では東北大学インターネットスクール（Internet School of Tohoku University）を開始した。これは，東北大学大学院の授業科目をインターネットにより配信する仕組みであり，総合大学が全研究科規模で実施をするという点が特徴的であった（三石・岩崎，2004）。後述する早稲田大学遠隔教育センターも2002年3月に設置され，早稲田大学人間科学部通信教育課程（通称eスクール）は2003年4月に開学した（西村，2005）。

　その後もeラーニングは，情報通信技術の発展に伴い，高等教育機関における導入が増え続けている。大学ICT推進協議会が行った2015年の調査では，大学事務局，短期大学，高等専門学校，学部研究科それぞれにおいて50％以上の機関において全学共通組織を配置して，ICT活用教育を推進している（大学ICT推進協議会，2015）。

　eラーニングの普及に伴い，LMSの導入状況も増えつつある。先述した大学ICT推進協議会（2015）の調査によると，国立大学では89.9％，公立大学

では50.0%，私立大学では63.2%がLMSを導入しており，大学，学部研究科，短期大学においては，Moodleの利用割合が最も高い結果となっている。

　OCW（Open Course ware）とMOOC（Massive Open Online Courses）もeラーニングの普及に拍車をかけた。OCWとは，アメリカのMITで2001年に提唱され，2003年から始まった大学の講義教材をインターネット上で公開する取り組みである。2005年5月に，日本でもOCWが開始され，大阪大学，京都大学，慶應義塾大学，東京工業大学，東京大学，早稲田大学が加盟し，日本オープンコースウェア連絡会が発足した。OCWは講義教材の公開であったが，2012年に講義内容を動画で配信するMOOCのプラットフォームが複数立ち上がった。MOOCとは，大学・機関が提供するオンラインの講義を受講し，課題をこなすことで最終的には修了の認定を受けることができるオンラインコースである。2012年にアメリカを中心に，CourseraやedXといったグローバルMOOCのプラットフォームが立ち上がり，2013年10月には，日本版MOOCとなるJMOOC（日本オープンオンライン教育推進協議会）が設立された。これを受け，早稲田大学は後述する2コースを開講した。また早稲田大学は2015年9月に加盟したedXからも4コースを開講した（2018年7月時点）。

　MOOCなどのオープンエデュケーションが高等教育に与える影響として重田（2016）は3点を挙げている。1点目は，教育現場でのMOOC活用であり，反転授業の普及や学習ログ解析に基づく新たな教育手法の開発を指している。2点目は，デジタルラーニングの普及である。現在の高等教育は，教育の質向上やリカレント教育など様々なニーズに応える必要があり，その中で，オンライン教育を大学教育で行うデジタルラーニングは大きな意義を持つ。3点目は，大学間教育連携の促進である。早稲田大学のように複数のキャンパスが存在する場合には，学内の教育リソースの最適な配分にも資すると言えるだろう。大学ICT推進協議会の調査によると，MOOCに関してもコースを提供している，もしくは将来的な提供を予定している大学数は増加しており，今後の普及・展開が期待されるところである（大学ICT推進協議会，2015）。

1　遠隔教育センター

早稲田大学遠隔教育センターは2002年3月に設置され，2014年4月まで存続した[※1]。遠隔教育センターは，情報企画部及びDigital Campus Consortium（1999年設立）と連携しつつ，当初より3種の活動方針を設定していた。第1に，早稲田大学理事会の「アジア重点政策」に基づき，時差の少ないアジア地域で遠隔教育を普及し，早稲田大学の存在感を増強していくこと，第2に，インフラ整備に伴い，オンデマンド授業の普及とその配信プラットフォームである「On-demand Internet Course（OIC）」の開発・運用支援と普及，2007年に本格稼働した全学で利用するLMSであるCourse N@viの開発・運用支援と普及活動を行った。この頃より，無線LANアクセスポイントも順次拡大した。第3に，研究・教育活動の国際化とグローバル化に備え，Apru-Net，MIT Open Course Ware，MOOCへの積極的参加も重要な活動ポイントとなった。3点について以下に概説する。

2　遠隔教育の展開

本節では，具体的に早稲田大学における遠隔教育の歴史について述べる。遠隔教育の最初の実践では，1999年より電話回線を使用し，テキスト・チャットを開始した。参加大学はフィリピンのデラサール大学，マレーシアのマラヤ大学，韓国の高麗大学であった。BizMateやCUSeeMeを利用した交流においては，現在の多対多の交流と異なり，英語による討論や日本語による討論を1対1で行うことが多かった。それに加えて，当時，衛星回線を利用すると1時間でおよそ100万円の費用がかかり，電話回線でも1時間でおよそ1万円が必要であり，時間的費用的制約が大きかった。

2001年からは，テレビ会議システム（TeleMeet）を利用し，2時間程度の英語の討論が開始された。この頃，ロシア語学習もロシア極東大学と開始している。エセックス大学やコロラド大学の日本語学習者との交流では，1時間を日本語で，残りの1時間を英語で交流するバイリンガル交流も行われた。

2005年からは，BizMateからLiveOnに代わり，TeleMeetからView Stationに代わり，Internet 2になると，交流料金は無料になった。交流環境の変化

もあり，表5-1から表5-3が示すように，交流大学は25カ国94校にまで発展した。

表5-1　1999年から2004年までの遠隔授業参加国と参加大学数の推移

	1999	2000	2001	2002	2003	2004
Countries	4	10	16	17	20	21
Universities	4	17	30	33	43	44
Waseda Students			1,585	3,339	3,183	2,179
Oversea Students						2,074

表5-2　2005年から2012年までの遠隔授業参加国と参加大学数の推移

	2005	2006	2007	2008	2009	2010	2011	2012
Participating countries/regions	21	21	21	24	24	24	24	25
Participating universities/institutes	52	55	78	86	89	91	92	94
joint class courses	34	45	67	83	102	85	72	79
No. of enrolled Waseda students	2,235	3,211	3,379	3,477	3,543	3,574	3,306	3,525
No. of overseas participants	1,181	2,094	3,058	3,882	4,422	4,254	3,894	3,974

表5-3　国別の遠隔授業参加大学数

Australia	6	India	2	Russia	1	United States	15
Brunei	1	Italy	1	Singapore	2	Uzbekistan	2
Canada	3	South Korea	10	Taiwan	8	Vietnam	2
China	10	Malaysia	2	Thailand	4	Samoa	1
France	5	New Zealand	2	United Kingdom	3	Fiji	1
Germany	4	Philippines	2	United Arab Emirates	1	Indonesia	2
Sweden	1						

附録には遠隔教育センターが運営した主な講座を示している。遠隔教育センターでは，アジアにおける日本語教育の普及にも尽力した。タイでは漢字の書き方のDVDを無料で配布し，北京大学，人民大学には，ミラーサーバーを設置し，日本語講座のオンデマンド講義の視聴，対面授業の実施を行った。

　また，英語による異文化交流を教育の一環として実施するために，新たな英語教育プログラムである早稲田メソッドを確立する必要があった。その背景には，当時の高校ではスピーキングの授業が十分に行われていなかったことが理由として挙げられる。遠隔教育センターでは，図5-1に示すような3段階の英語力増強プログラムを構築し，実施した。

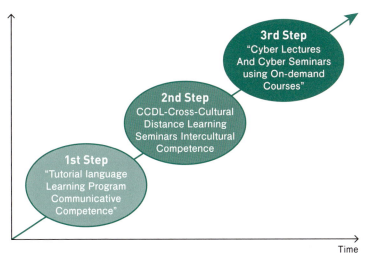

図5-1　3段階による早稲田メソッド

　第1段階では，少人数教育によるチュートリアル形式の語学教育プログラムを開発した。対象言語は，中国語，英語，ドイツ語の3つであった。このプログラムは，実践的コミュニケーション能力の向上を目指すものであったため，その能力基準を設定する必要があった。2001年に発表されたCouncil of Europeによるヨーロッパ言語共通参照枠（Common European Framework of Reference for Languages：CEFR）の枠組みを利用し，2007年度までにCEFRの

能力記述文（Can-Do Descriptors）に基づいた6レベルの教科書と教授法をまとめ，Teaching manualとして展開した（Nakano, 2010a, 2010b, 2010d, 2010e; Nakano et al., 2009a, 2009b, 2010参照）。また，2007年には，教科書の能力記述文の配列と内容が，CEFRの記述と配列に合致しているかの実験検証も行った（Tsutsui, et al., 2010; Nakano, 2016; 中野，2015を参照）。

2001年に早稲田大学全学共通の授業を提供するオープン教育センターが設置されたことで，全学の学生たちが，オープン科目としてチュートリアルイングリッシュを受講できるように体制が整っていった。その後，チュートリアルイングリッシュは理工学部と文学部を除く全学部で必修科目となった。表5-4は2002年から2017年までの受講者数を示している。入門編，準中級，準上級コースを新たに開講し，6つのレベルに合致したコースを整備した。

2007年には，Tutorial Englishの6レベルがCEFRに準拠していることを示す，実験検証を行った（Nakano, et al., 2010; Nakano, 2010c; Tsutsui, Nakano, & Kondo, 2010; 中野ほか，2012を参照）。更に，実践的なコースとして，ビジネス

表5-4　2002年度から2017年度までの受講者数推移

年　度	2002	2003	2004	2005	2006	2007
Advanced Plus						
Advanced	86	234	990	1,075	534	621
Pre-Advanced					2,512	2,098
Intermediate	358	791	3,137	3,583	2,007	1,810
Pre-Intermediate					2,038	1,671
Basic	523	1191	1,887	2,665	1,704	1,415
Beginners			74	190	209	127
Business	981	2,122	1,615	1,649	141	132
Business Tutorial English						404
Discussion Tutorial English						
Critical Reading and Writing						
年度別合計履修者	1,948	4,338	7,703	9,162	9,145	8,278

場面での英語使用に焦点を当てた実践ビジネス・チュートリアルイングリッシュ，英語を通して批判的能力を養うためのDiscussion Tutorial Englishを2007年度より開始した。さらに，2012年にはCritical Reading and Writingを開発した。これらのチュートリアルイングリッシュの科目群の促進・普及にも遠隔教育センターが尽力した。

第2段階は，海外の協定校の学生たちとテレビ会議システムやテキスト・チャット，オーラル・チャットで交流する授業である。遠隔交流は1対1の場合と1対多の交流に分類される。異文化交流実践講座は1対1の交流で，Cross-Cultural Distance Learning（CCDL）Programsと呼ばれ，高麗大学，延世大学，淡江大学，大連理工大学，大連外国語大学，デラサール大学，台南科技大学が参加した。

共通教科書（Social & Global Issues, Media, International Career Pathの3冊）を作成し，交流先大学と早稲田大学が共に利用する形態とした。予習教材として，オンデマンド講義を視聴し，授業時間内ではテキスト・オーラルチャット，テレビ会議での討論，授業後にBBS（Bulletin Board System）とテキス

2008	2009	2010	2011	2012	2013	2014	2015	2016	2017
								343	674
866	832	918	877	823	778	811	764	652	1,120
2,065	2,007	2,112	2,142	2,191	1,849	2,173	2,122	1,948	3,649
1,935	1,747	1,588	1,526	1,445	1,327	1,333	1,282	1,161	2,116
1,675	1,547	1,303	1,276	1,268	1,097	1,205	1,156	1,057	1,799
1,265	1,235	1,161	963	1,053	875	1,050	920	858	1,595
120	161	167	92	135	147	151	135	132	196
404	410	349	367	134	96	72	65	72	67
	283	417	452	414	355	300	233	160	158
				125	120	127	78	99	99
8,330	8,222	8,015	7,695	7,588	6,644	7,222	6,755	6,482	11,473

ト・オーラルチャットでテーマの討論を深め，100語から200語のReflection PaperをLMSに投稿し，学生は異文化交流実践における学びを振り返ることができる構成となっていた（Nakano, 2005a, 2005b, 2009a, 2009b, 2011, 2018; 中野，2006a, 2008; Nakano & Bonham, 2005; Nakano et al., 2008, 2010; 中野ほか，2013a, 2013b; 中澤ほか，2013; Owada, Yoshida & Nakano, 2013; Park, Nakano & Lee, 2003）。

　第3段階では多地点交流として，Co-Existence in Asia, Towards the establishment of East Asia Union, Free Trade Agreement, World Englishes and Miscommunicationsの講座を開講した。目的は参加学生たちが専門領域で，アジアの学生たちと対等に議論できるようになることであった。多地点の交流では，事前にオンデマンド講義を視聴し，BBSでの質疑を通して，あらかじめ問題意識を共有する。その上で，交流時にはそれぞれの学生が同期型集団学習によるeラーニングプレゼンテーションを実施した。さらに，授業を受講していた学習者たちが海外に集まり，合同のセミナーを行った（多地点異文化交流演習の詳細は，中野2006b, 2013, 2015, 2016, 2017; Nakano, et al., 2018; Park & Nakano, 2007参照）。

　これらの取り組みの中で，遠隔教育センターは，交流校の検討，接続テスト，クラス・マッチングなどの実務に加え，授業形態の検討，担当教員への聞き取り調査，授業の参与観察，年2回のアンケート調査による満足度調査と教育効果（ソーシャルスキルの向上，学習動機の向上）の測定などの調査研究も実施していた（中野，2005, 2015; Nakano & Yoshida, 2008, 2018; 吉田・中野，2009, 2011a, 2011b; Yoshida & Nakano, 2010a, 2010b, 2011, 2013a, 2013b）。こうした遠隔教育センターの調査研究の成果を担当教員へのフィードバックとしても活用し，さらに海外拠点で行う担当教員間のワークショップにおいてもその成果を共有し，教育改善にその知見を活かした。

3　LMSの展開

　これまで見てきたように，遠隔教育センターではeラーニングを用いた教育手法を開発し，オンデマンド授業を推進してきたが，これらの活用にはLMSの普及が不可欠であった。それまでの通信教育はテレビなどを活用

し，放送されている時間内に学生が一方的に講義を視聴するものが一般的であった。それに対し，2004年に早稲田大学で最初に導入されたLMS，On-demand Internet Course（OIC）では，講義資料と講義ビデオが同期され，学生がメモをとりながら，受講することができた。学生たちは，オンデマンド講義の視聴を途中で止めたり，何回でも繰り返し視聴することができたために，講義は家で学習し，教室では質疑応答を行うという授業形態が実現していた。これは現在でいう反転授業の形態であった。また，学生たちは，オンデマンド講義を受講した後，問題解決に至った過程を発表した。これはいわゆる問題解決型授業（Problem Based Learning）であった。例えば，World Englishesのコースでは，コミュニケーション上で問題となる言語事象は何か，その原因は何かを考え，2つの個別言語の比較から抽象度を挙げていくことが求められている。

具体例を挙げると，日本英語と韓国英語の共通点はないか，差異はあるかから始まり，アジア英語全般に共通する事象を見つけ，その原因を考察していくというようなものである。

OICの機能としては，講義シラバスの掲載，出席の確認，BBSによる討論，小テストの自動採点，補助教材の掲載などができたが，さらに独自に機能を強化したLMSであるCourse N@viの開発も行い，2007年に学内リリースされた。これによってOICの機能に加え，アンケート調査，成績登録，学生へのメール送信，投票，オーラルチャット，学生のプロフィール登録，レポート提出機能など新機能が搭載された。

遠隔教育センターでは，LMS活用のための教員支援も実施した。具体的には，Course N@viの活用小冊子（ファースト・ステップガイド，逆引きマニュアル，活用事例集）の配布，各学部でのワークショップ開催，新人教員向けの活用セミナー開催などである。

その結果，2010年には，LMS使用の講義数は7,437講義で，全講義数の42.6%に及び，Course N@viの専任教員の使用者は75.8%になった。また，遠隔教育センターによるオンデマンド授業の推進の事例としては，人間科学部でのeスクールの立ち上げのほか，全学のオンデマンド授業作成を支援した。図5-2及び図5-3は，オンデマンド授業科目数及び履修者数の推移を表

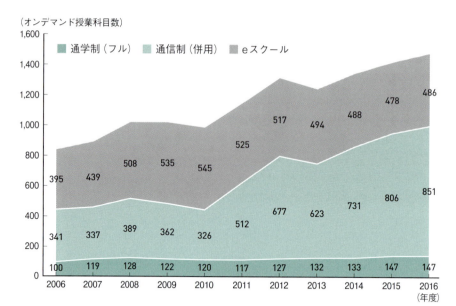

図5-2　オンデマンド授業科目数の推移

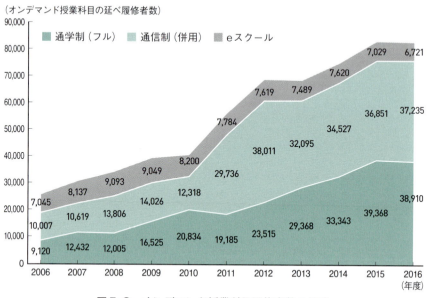

図5-3　オンデマンド授業科目履修者数の推移

している。

4　教育活動のオープン化

早稲田大学が2000年に構想した「教育のオープン化」は，学内の教育のオープン化にとどまらず，日本国内で良い教材の共有，切磋琢磨を目指すものである。国内の大学とオンデマンド授業の共有化のための組織として，産学連携でForum on Lecture Circulation（FOLC）を立ち上げた。表5-5はFOLCで提供したコース数を示している（Nakano, et al., 2011a, 2011b, 2012などを参照）。

表5-5　FOLCコース

Course genres	Number
Certified course	189
IT courses	263
Business	567
Languages	25
Remedial course	8
Liberal Arts	5
Entrance Exams	12
Total	1,061

FOLCが提案した教育のオープン化・共有と同様の考え方をMITも同時期に構想し，2002年にMITの学内で50コースが共有され，MIT OpenCourseWare（OCW）の基礎となった。早稲田大学はMITからの提案に基づき，2005年にOCWへ参画した。当時のOCWでは，講義資料，シラバスの提出が義務付けられていた一方で，教材コンテンツは動画である必要はなかったが，国内外の大学間で授業をオープン化する画期的な取り組みであった。

遠隔教育センターは国際的な組織に参加することで，教育のオープン化に関する世界的動向を把握しながら，早稲田大学における教育のオープン化の

改革を進めた。また講義コンテンツを公開することで，早稲田大学の講義の質を国際的なレベルに引き上げるとともに，広く世界にむけて早稲田大学の教育を知らしめる広報にもなると考えた。そのために，Asia Regional OpenCourseWare and Open Education Conference（AROOC），Universitas 21, the Open Education（OE）movement（現FutureLearn），Asia-Pacific Rim Universities（APRU-net）に参加し，遠隔教育センターにおける取り組みを発表するなど情報交換や国際的な交流を推進した（Nakano et al., 2011c, 2011d, 2012などを参照）。

教育のオープン化は世界的な動きになり，Open Course Ware Consortium（OCWC）が設立され，MOOCへと展開していく。

3 大学総合研究センターにおけるJMOOCの取り組み[※2]

早稲田大学の遠隔教育を牽引してきた遠隔教育センターの事業は，2014年2月1日より大学総合研究センターに引き継がれ，MOOCの取り組みはそれ以降本格的に進められるようになった。前述の通り，早稲田大学におけるMOOCの取り組みは，JMOOCとedXを通じて実施している。本節及び次節では，それぞれで展開した事例の概要と運営体制，講座開講の効果について紹介したい。

はじめに，JMOOC（日本オープンオンライン教育推進協議会）で開講した大学総合研究センターが運営を支援した講座として「国際安全保障論」と「しあわせに生きるための心理学〜アドラー心理学入門〜」の2つの事例を紹介する。

1　第1弾講座の概要と運営体制

第1弾講座の「国際安全保障論」は，株式会社NTTドコモとNTTナレッジ・スクウェア株式会社が提供する「gacco」にて開講し，当時「gacco」からの講座では東京大学，慶應義塾大学に続いて3番目となった。講座は，栗崎周平准教授（政治経済学術院）が担当した。

栗崎周平准教授が第1弾講座の担当講師となった背景には，国際的に関心

の高いテーマの講座を開講できることに加え，学習者同士の相互評価の運営実績があったことが挙げられる。第1弾講座の開講当時，JMOOCでは，相互評価を本格的に導入した講座はなかった。そのため，早稲田大学が相互評価を本格的に導入した講座を開講するべく，担当講師の候補者には，相互評価の運営実績があることも求められていた。

講座は，2014年6月16日から7月20日の4週間で開講した。講座の構成は，オンデマンドで配信する非同期型のeラーニングであり，1週間に1単元ずつ，計4単元を配信した。1単元の流れは次の①から③のとおりである。

① オンデマンド講義を視聴する
② 理解度確認クイズに解答する
③ レポートの提出および相互評価を行う

修了には，すべての単元の理解度確認クイズとレポートの結果が合計58点以上（100点満点）であることを要件とした。当講座の受講登録者数は12,068人，修了者数は1,300人（修了率10.8％）であった。本講座は，JMOOCの中でも初期に開講され，注目度も高かった。また，受講登録者数が多く，修了率も比較的高いコースであったといえる。

第1弾講座では，担当講師，早稲田大学JMOOC事務局職員，プラットフォーム事業者が三位一体となり，講座の準備・運営を行った。三位一体での講座運営をする理由としては，担当講師が講座製作などの本来やるべきことに集中することができる体制を構築することと，それぞれの役割を明確にするためである。主な役割分担については表5-6に示すとおりである。なお，講座の学習内容に関する準備・運営については，担当講師に加えて，ティーチングアシスタント（以下，TA）（3人）も行い，学内の情報共有は教職員用のメーリングリストを作成して，講座運営時に何か問題が生じた際に迅速に対応できるよう常に情報を共有するようにした。本講座は，JMOOCが開始してから通算3つ目の講座であり，他大学の事例も少なく，手探り状態での講座開講であったため，上記のような体制で講座運営を行った。

2　第2弾講座の概要と運営体制

第2弾講座の「しあわせに生きるための心理学〜アドラー心理学入門〜」

は向後千春教授（人間科学学術院）により担当され，株式会社ネットラーニングが提供する「OpenLearning, Japan」にて開講した。

　向後千春教授が第2弾講座の担当講師となった背景には，心理学に関連するテーマの講座を開講できることに加え，反転授業の運営実績があったことが挙げられる。NTTコム リサーチとJMOOCが共同で行った調査によると，学習者がMOOCで学習したい分野の第1位が心理学であった（NTTコム リサーチ，2014）ことから，第2弾講座では，心理学に関連するテーマの講座を開講することを検討していた。また，第1弾講座では実施できなかった反転授業を実施することも視野に入れていたため，担当講師の候補者には，反転授業の運営実績があることも求められていた。

　講座は，2015年5月25日から7月12日の5週間で開講した。講座の構成は第1弾講座と同様に，オンラインで配信する非同期型のeラーニングとし，1週間に1単元ずつ，計5単元を配信していった。1単元の流れは次の①から⑥のとおりである。

① オンデマンド講義による「導入のレクチャー」を視聴する
② 個人ワークを行う
③ オンデマンド講義による「解説のレクチャー」を視聴する
④ 理解度確認クイズに解答する
⑤ レポートの提出および相互評価を行う
⑥ オンデマンド講義による「まとめ」を視聴する

　個人ワークでは，学習者が各自で用意したノートに設問に対する解答を記述したり，学習者自身の思考や行動の傾向などを専用のWebサイトで測定するなど，簡単な実習を提示した。

　修了要件は，すべての単元のクイズとレポートの結果が合計60点以上（100点満点）であることとした。受講登録者数は3,529人，修了者数は776人（修了率22.0％）であった。山川（2015）によると，JMOOCの修了率は10％前後であるため，本講座の修了率はそれと比べて高かったといえる。先述の通り，テーマに関心のある学習者が多かったことが理由として考えられる。

表5-6 運営における主な役割分担(第1弾講座)

	業務内容	担当講師	職員	プラットフォーム事業者
開講前	コンテンツ収録,字幕作成等	○	△ 調整業務	○ 収録スタジオ利用,字幕整備等
	プロモーションビデオ収録	○	△ 調整業務	○
	クイズ,レポート課題,ルーブリックの作成	○	△ 調整業務	△ プラットフォームに設置
	学習者アンケートの作成		○	△ プラットフォームに設置
開講中	BBS対応	○ 講座内容に関する対応	○ BBSチェック	○ システムに関する対応
	相互評価対応		○ 未評価者対応	
	各種お知らせの配信		○ 講座内容に関する配信	○ システムに関する配信
	システムサポート			○
開講後	成績優秀者対応		○	
	学習成果分析		○ 助手が主担当	

　また,第2弾講座では,オンデマンド講義の反転授業として,対面形式の講義も無料で実施した。反転講座は2015年7月11日,早稲田大学早稲田キャンパスにて実施した。反転授業の応募者数は300人,当日の参加者数は170人(参加率56.7%)であった。

　第2弾講座においても,担当講師,事務職員,プラットフォーム事業者が三位一体となり,講座の準備・運営を行った。主な役割分担については表5-7に示す。講座の学習内容に関する準備・運営については,第1弾講座と同様,担当講師に加えてTA(2人)も行った。また,第2弾講座においても,教職員用のメーリングリストを作成し,常に情報共有を行うことにした。第1弾講座運営時との相違点は,事務局を中心として掲示板の定期的な確認などを行い,できるだけ迅速に学習者のコメントに対応できるようにした点である。

表5-7　運営における主な役割分担(第2弾講座)

	業務内容	担当講師	職員	プラットフォーム事業者
開講前	コンテンツ収録,字幕作成等	○ 字幕作成はTAが担当	○ 学内にて対応	○ プラットフォームに設置
	プロモーションビデオ収録	○	△ 調整業務	○
	クイズ,レポート課題,ルーブリックの作成	○	△ 調整業務	△ プラットフォームに設置
	学習者アンケートの作成		○ 助手が主担当	△ プラットフォームに設置
開講中	BBS対応	○ 講座内容に関する対応	○ BBSチェック	○ システムに関する対応
	各種お知らせの配信		○ 講座内容に関する配信	○ システムに関する配信
	システムサポート			○
開講後	反転授業の企画・運営	○ 講座内容に関わること	○ 運営	○ 運営・取材対応
	学習成果分析		○ 助手が主担当	

　JMOOC開講にあたっては,「教育と学修内容の公開」を通して教育の早稲田を可視化するべく,学習者に対するアンケート調査を行った。

　第1弾講座と第2弾講座の両講座にて,学習者と早稲田大学との関係について調査した(第1弾講座の回答者数は3,828人(回答率31.7％;男性2,844人,女性984人;平均年齢48.39歳,$SD=16.91$)。第2弾講座の回答者数は1,360人(回答率38.5％;男性520人,女性836人,不明4人;平均年齢43.94歳,$SD=12.40$))。また,第1弾講座,第2弾講座ともに,「早稲田大学とはまったく関係がない(第1弾講座は3,378人(88.2％),第2弾講座は982人(72.3％))」という回答が最も多かった(図5-4)。早稲田大学と全く関係ない人が多く講座を受講していることから,オンデマンド講義により,大学の授業を公開することに意義があるということがわかる。第1弾講座と第2弾講座の差異としては,第2弾講座は在学生の受講者が多かった。これは担当講師がeスクールを担当しており,eスクール生の受講が多かったためであると考えられる。

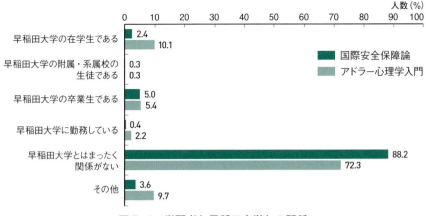

図5-4　学習者と早稲田大学との関係

　次に，JMOOCに講座を開講したことにより，早稲田大学に対する関心を高められたかどうかを検討するために，第1弾講座では「早稲田大学に対する印象の変化」に関する調査を行った。「早稲田大学に対する印象について，あてはまるものをすべて選択してください」という質問項目に対し，複数回答で答えてもらっている。なお，このアンケートは受講後にのみ実施した。

　調査の結果，回答者数は703人（回答率5.8％；男性524人，女性179人；平均年齢53.65歳，$SD=14.45$）であった。「早稲田大学のほかの授業を受講したい（405人，58.0％）」に対する回答が最も多く，次に「早稲田大学の印象が良くなった（319人，45.0％）」に対する回答が多かった（図5-5）。

　一方，第2弾講座では，受講前と受講後に，「早稲田大学で学ぶことへの関心度」に関する調査を行った。「早稲田大学で学びたい（または子どもに学ばせたい）と思いますか」という質問項目に対し，「まったくそう思わない」から「まったくそう思う」までの5件法で回答を求めた。回答結果は1～5点に得点化した。

　調査の結果，受講前アンケートの回答者数は1,360人（回答率38.5％），受講後アンケートの回答者数は547人（回答率15.5％）であった。分析対象は，受講前アンケートと受講後アンケートの両方に回答した修了者のうち，回答に不備のある1人を除いた445人（男性180人，女性265人；平均年齢47.96歳，

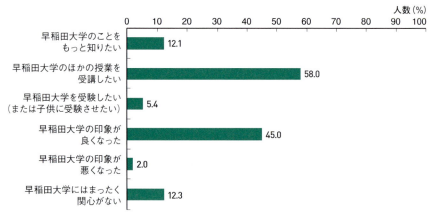

図5-5 早稲田大学に対する印象の変化（第1弾講座）

$SD=11.14$）とした。

　受講前と受講後アンケートの平均値を算出した結果，受講前アンケートの平均値は3.52（$SD=0.81$），受講後アンケートの平均値は3.81（$SD=0.87$）であった。また，受講前と受講後の平均値の差を明らかにするために，対応のあるt検定を行った結果，受講前よりも受講後のほうが有意に高かった（$t(444)=8.52, p<.001$）（図5-6）。第1弾講座ではポストアンケートで印象の変化のみを測定したが，第2弾では，同じ項目を事前事後に測定し，統計的にも関心度の高まりが明らかとなった。

　第1弾講座と第2弾講座のアンケート調査の結果より，回答者の多くが，早稲田大学とはまったく関係がない人たちであったこと，JMOOCの講座開講で，早稲田大学に対する好印象を強め，早稲田大学で学ぶことへの関心度を有意に高くした点は評価に値すると言えよう。JMOOCでの講座開講は，早稲田大学に対する関心を高めるとともに，早稲田大学の授業の魅力を広く伝えることにもつながると考えられる。

　MOOCは，入学者の新規獲得・増加への貢献を期待されており，東海大学や滋賀大学ではAO（アドミッションズ・オフィス）入試などにおいても活用がなされているが，今回のアンケート調査では，JMOOCが入学希望者の増加に資するとまでは結論付けることはできない。JMOOCに講座を開講す

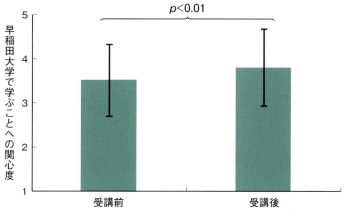

図5-6　早稲田大学で学ぶことへの関心度（第2弾講座）

ることと入学希望者の増加との関連については，入学試験や入学時のアンケート等とあわせて検討が必要であると考えられる。

今回，早稲田大学がJMOOCに講座を開講した狙いは，おおむね達成され，学習者の早稲田大学に対する関心を高めることにつながったと考えられる。

4 大学総合研究センターにおけるグローバルMOOCの取り組み[※3]

本節では，早稲田大学におけるグローバルMOOCの取り組みについて紹介する。早稲田大学は2015年9月にedXに加盟した。edXは全世界で1500万人を超える学習者が登録しているプラットフォームであり，MITとハーバード大学が創設した。早稲田大学は，これまでにedXより4つの講座を開講した。本節では，その中の第1弾講座と第2弾講座について紹介する。第1弾講座は，柴山知也教授（理工学術院）による「Tsunamis and Storm Surges : Introduction to Coastal Disasters」であり，沿岸防災に関する最先端の講義について配信した。また，第2弾講座では，戸田貴子教授（国際学術院）による「Japanese Pronunciation for Communication」を開講し，1万人を超える学習者が登録した。

1 運営体制

早稲田大学は，図5-7のような体制でedXを運営している。教務部の中のプロジェクトとして位置づけられており，その中で全体的な方針を決めながら，大学総合研究センターが実働として動き，講座担当教員と共にコースを制作している。

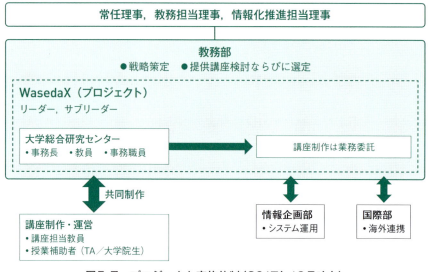

図5-7　プロジェクト実施体制（2017年12月時点）

2 これまでに開発した講座の概要と結果

第1弾講座として柴山知也教授の「Tsunamis and Storm Surges: Introduction to Coastal Disasters」を開講した。この講座は，2016年1月18日から3月21日まで開講し，2,675人が登録，修了率は9.4%であった。

本講座に対する学外からの反応として，Kyodo JBN-AsiaNetにおいて，「Waseda University expert teaches free online course on tsunamis and storm surges」という記事が掲載された。また，Jack Kent Cooke Foundationが行っている事業において，本講座を修了することが，奨学金応募への条件

となった。この講座では，redditと呼ばれるサービスを活用して学習者の質問に対してオンラインで解答するAsk Me Anything（AMA）という試みを行った。

第2弾講座では，戸田貴子教授の「Japanese Pronunciation for Communication」を2016年11月7日から12月19日まで開講し，登録者数は11,165人で修了率は7.5%であった。

本講座は，講義コンテンツ以外にも学習の継続を促すためにさまざまな仕掛けを行った。具体的には，発音の達人コンテスト，個別フィードバック，世界の日本語学習者の発音，会話で学ぶ日本語発音＆カルチャー，発音チェック，シャドーイング教材などを開発した。また，世界の日本語学習者に受講してもらえるように，日本語，英語，中国語，韓国語，ベトナム語，インドネシア語，タイ語の字幕・訳文を作成し，多言語対応を行った。その結果，北米の登録者が多くを占めるedXにおいて，東アジア，東南アジアの登録者が全体の半分を占めた。日本学生支援機構（2017）によると，日本に留学している学生はアジア地域が93%であり，日本語教育及び日本への高い関心から本講座を受講したと考えられる。

現在，このコースはself-pacedコースとして再開講し，学習者の好きな時に好きなペースで学習をすることが可能となっている。今後も継続的にself-pacedコースとして開講していく予定である。

edXは，Waseda Vision150における「教育と学修内容の公開」，「対話型，問題発見・解決型教育への移行」の核心戦略と関係する。教育と学習内容の公開においては，文字通り早稲田大学の講義を世界に向けて公開し，教育の早稲田を可視化することを目指している。対話型，問題発見・解決型教育への移行においては，MOOCを活用した反転授業など新たな教育手法の開発を目指している。そこで，これらの目的の達成度を検討するため学習者に対して早稲田大学との関係性に関するアンケート調査を行った。第1弾講座及び第2弾講座を受講した学習者の各アンケート結果は，以下の通りである。まず，図5-8は，「早稲田大学について，当てはまるものをすべて選んでください。」という項目に対する第1弾講座（n=849），及び第2弾講座（n=610）のアンケート結果である。

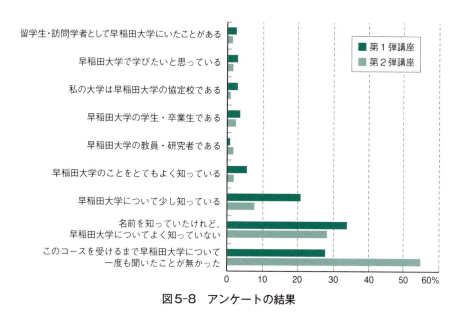

図5-8　アンケートの結果

　第1弾講座は62%（524人），第2弾講座は，83%（506人）の学習者が，「名前を知っていたけれど，早稲田大学についてよく知っていない」又は「このコースを受けるまで早稲田大学について一度も聞いたことがなかった」という回答であった。この結果は，edXの講座開講により，世界に対して早稲田大学の教育内容を公開することが，これまで早稲田大学を知らなかった学習者に早稲田大学を知ってもらうための広報効果も期待されることを示唆している。JMOOCのアンケート結果と同様に，早稲田大学に対する関心を高めるとともに，早稲田大学の授業の魅力を広く伝えることにつながった。edXは，JMOOCと比較すると，早稲田大学を知らない学習者の受講が多いため，広報的な効果も高かったと考えられる。

3　コース製作者へのインタビューから考えるMOOCの可能性

　第1弾講座と第2弾講座の概要と結果について紹介してきたが，MOOC制作を通して担当講師は，何を感じたのだろうか。第1弾講座を担当した柴山知也教授は以下のように回答している。

「MOOCを使って，我々の研究成果と教育内容を世界中に発信しますと，世界中の早稲田大学で勉強しようと思っている学生たちがそれを見て，早稲田に入学して来るということが考えられます。現にこのMOOCを配信してから，私のところに世界中から，私の研究室で修士を取りたいとか博士の勉強をしたいとか色んな問い合わせが来ていますので，そういう意味では非常に大きな意義があったという風に思います。」

先述のように，MOOCは本学における核心戦略「教育と学修内容の公開」及び「対話型，問題発見・解決型教育への移行」と大きく関係している。教育コンテンツを世界に向けて公開することで，動画を見た学習者が講座担当教員の元で学びたいと依頼してきたということは，教育コンテンツであると同時に広報の役割も果たしており，優秀な留学生の獲得にもつながる可能性を示している。

また，第2弾講座を担当した戸田貴子教授は，以下のように述べている。

「特に印象的だったのは，継続者の主体的な学習への取り組み方でした。本講座では学習動機の維持と学習の継続を狙いとして最後に全員参加型の発音の達人コンテストを行いましたが反響は予想以上でした。世界の様々な国や地域からたくさんのスピーチ動画が投稿されてそれを見た受講生の皆さんが参加してくださいましたので投票もたくさん集まりました。ディスカッションフォーラムにおいても非常に活発な意見行動が行われていたように思います。世界中からMOOCに集まってくる学習者の主体的な学びを目の当たりにして私の研究室のゼミ生も大変刺激を受けたようでした。」

Japanese Pronunciation for Communicationでは，学習者の学びを促進するための様々なコンテンツを作成した結果，多くの学習者を集めると同時に，eラーニングを通した学習者の学びのコミュニティの形成にも寄与した。

4　edXの今後の展開

　Waseda Vision150の核心戦略である「教育と学修内容の公開」及び「対話型，問題発見・解決型教育への移行」について序章で言及したが，MOOCはその推進において大きな役割を果たしている。前者にとっては，文字通り本学の授業を世界に向けて公開しており，後者においては，MOOCを用いた反転授業の推進などが例としてあげられる。また，それに関連して，本学の講義を世界に向けて公開することは，優秀な留学生の獲得に関連した核心戦略「世界のWASEDAとしての国際展開」とも関係している。MOOCの今後の展開として，以下の4点があげられる。

　1点目は，学習履歴の解析に基づく新たな教育手法の開発である。これは，学習履歴を解析し，オンキャンパスへの新たな教育手法を導入することを目的とする。

　2点目として，高大接続や入試改革におけるMOOCの応用可能性を考えるという点である。これは先述したように，東海大学や滋賀大学におけるAO入試におけるMOOC活用の事例が挙げられる。

　3点目は，MOOCコンテンツのSmall Private Online Courses（SPOC）としての利用である。これは，作成したオンデマンドコンテンツを学内向けに提供し，教育に活用することであり，先述した反転授業の推進とも関係する。これにより，教育効果の増大が可能となるだろう（コラム「統計教材モジュール展開プロジェクト」参照）。

　4点目は，Micromastersである。これは，現在edXが推進しているオンライン大学院のプログラムであり，こういったオンライン学位プログラムの開設やMOOCの正規科目としての取り扱いなどの世界的潮流への対応も本学における今後の展開として考えられる。

5　おわりに

　本章では，早稲田大学遠隔教育センターにおいて，2002年から進められてきたeラーニングの取り組みと2014年以降に大学総合研究センターで進

めてきたJMOOC，edXの取り組みを中心に紹介した。

　近年のeラーニングは，学習履歴を活用した新たな教育手法の開発や学習者のリアルタイムの学習状況の把握・分析や適応的なフィードバックなど様々な研究が進められている。またそうした研究がラーニング・アナリティクスやエデュケーション・データマイニングといった新たな学際領域として発展してきている（Ferguson, 2012; Romero & Ventura, 2012）。粒度の細かいデータを活用したeラーニングは，今後ますます重要視され，MOOCに蓄積された学習履歴の利活用や研究が進められていくことが予想される。

【注】
※1：本節執筆者である中野美知子は2002年11月より2014年3月の閉鎖まで遠隔教育センター長を務めた。
※2：本節は，「日本教育工学会 SIG-05 ゲーム学習・オープンエデュケーション レポート2017（2017年9月発行）」に掲載された「早稲田大学におけるJMOOCの講座への取り組み」の一部を転載し，加筆修正を行ったものである。
※3：本節は，「日本教育工学会 SIG-05 ゲーム学習・オープンエデュケーション レポート2017（2017年9月発行）」に掲載された「早稲田大学におけるグローバルMOOCへの取り組み」を転載し，加筆修正を行ったものである。

【文献】
- 大学ICT推進協議会（2016）『高等教育機関におけるICTの利活用に関する調査研究結果報告書』https://axies.jp/ja/ict/2015report.pdf（2018年7月17日）
- Ferguson, R.（2012）Learning analytics: drivers, developments and challenges. International Journal of Technology Enhanced Learning, 4 (5/6), 304–317.
- 穂屋下茂（2004）「学部教育におけるeラーニングの利用と評価」『メディア教育研究』1 (1), 31-43.
- 石井雄隆（2016a）「大規模公開オンライン講座・MOOCの潮流──学習者のビッグデータに基づく教育改善や新たな教育手法の開発」『英語教育』65 (5), 66-67.
- 石井雄隆（2016b）「早稲田大学におけるグローバルMOOCの展開──edXコースの開発・運営と学習データ解析」『2016年度第2回DCC産学交流フォーラムedX講座第一弾実施報告会発表資料』．
- 石井雄隆・アダムゴードン・平賀純・永間広宣・大浦弘樹・森田裕介（2016）「グローバルMOOCにおける相互評価の信頼性に関する検討──早稲田大学における事例から」『日本教育工学会研究報告集』JSET16-3, 155-160.
- 石井雄隆（2017a）「世界に向けた教育内容の公開──edXコースにおける日本語発音講座のデータ解析」『2017年度第1回DCC産学交流フォーラムedX講座第二弾実施報告会発表資料』．
- 石井雄隆（2017b）「早稲田大学におけるグローバルMOOCへの取り組み」『日本教育工学会 SIG-05 ゲーム学習・オープンエデュケーション レポート2017』33-35.
- 石井雄隆・アダムゴードン・平賀純・永間広宣・森田裕介・山名早人（2017）「グローバルMOOCにおける修了率と動画再生ログの分析」『日本教育工学会研究報告集』JSET17-5, 151-154.
- 三石大・岩崎信（2004）「東北大学インターネットスクールの実践と課題」『メディア教育研究』1 (1), 19-29.
- Nakano, M.（2005a）Networked English language education at Waseda University: Toward creating Asian-Pacific intelligence. Proceedings of the 6th Symposium on Natural Language Processing, 1, 182-187.
- Nakano, M.（2005b）Cross-cultural distance learning and cyber seminars: Concepts and practices.

Proceedings of the 6th Symposium on Natural Language Processing, 1, 193-198.
- 中野美知子（2006a）「アジアの英語たちとその文化」砂岡和子・池田雅之編著『アジア世界のことばと文化』成文堂, pp.137-154.
- 中野美知子（2006b）「早稲田大学の英語教育とヨーロッパ言語共通参照枠組み」『2006年度教育改革ITフォーラム』45-50.
- 中野美知子（2008）「国際遠隔コミュニケーションの教育利用」山地弘起編著『大学の英語教育を変えるコミュニケーション力向上への実践指針』玉川大学出版部, pp.110-128.
- Nakano, M. (2009a) Cross-cultural distance learning programs with universities in South East Asia: E-learning to foster a global citizen in Asia. In C. Ward. (Ed.), Language teaching in a multilingual world: Challenges and Opportunities (pp.65-83). Singapore: SEAMEO Regional Language Centre.
- Nakano, M. (2009b) Featured speakers: Adult, lifelong & distance education plenary: Local problems and global solutions: Cross cultural distance learning in Asia. Proceedings of the Asian Conference on Education 2009, 488-509.
- Nakano, M. (2010a) CEFR-based curriculum development and English tutorials - Transition from secondary to tertiary Education. The Korea Association of Teachers of English (KATE) 2010 International Conference: Teaching and Learning English as a Global Language: Challenges and Opportunities, 92-99.
- Nakano, M. (2010b) CEFR-based English tutorials and two validation experiments. In L. Yoffe, (Ed.), The role of European language portfolio (ELP) No.10 (pp.27-30).
- Nakano, M. (2010c) Pedagogical issues and education network: Cross-cultural distance learning between Tsinghua University and Waseda University. In S, Lu, W, Zhang, & P. Adams (Eds.), ELT of tertiary level in Asian context: Issues and researches (pp.22-31).
- Nakano, M. (2010d) Curriculum development and English tutorials - Transition from secondary to tertiary education. In L. Lan & D. D. Qian. (Eds.), English language education in Asian universities: Classroom practices and research issues (pp.128-136).
- Nakano, M. (2010e) Internationalization or globalization in Asia: Issues in English language education. Proceedings of Asian Conference on Education, 1-19.
- Nakano, M. (2011) Issues on professional mobility in Asia - Professional mobility as a positive outcome of globalization and internationalization. Information Communication Technology Practice & Research 2010, 315-335.
- Nakano, M. (2013) Networked English language learning from English tutorials to cyber interactions at Waseda University. In R. C. Tsai & G. Redmer (Eds.), Language, Culture, and Information Technology (pp.1-32). Taiwan: Booksman Books.
- 中野美知子編著（2015）『英語教育の実践的探究』渓水社.
- Nakano, M. (2015) Challenges of EMI, a case study of 'World Englishes online.' Waseda Working Papers in ELF, 6, 229-235.
- Nakano, M. (2016) Capitalising on Internet and Computing Technologies for Improving Learning and Teaching: The Experience of Waseda University. In C. Ng, R. Fox, & M. Nakano. (Eds.), Reforming Learning and Teaching in Asia-Pacific Universities Influences of Globalised Processes in Japan, Hong Kong and Australia (pp.213-230). New York: Springer.
- Nakano, M. (2017) College English Education in Japan and International Academic activity. In K. Sunaoka, & Y. Muroi. (Eds.), The teaching of foreign languages in Japan and international academic activities (pp.21-41). Tokyo: Asahi Press.
- Nakano, M. (2018) The development of CCDL programs: Challenges, reforms, syllabi and ELF communicative tasks. Information Communication Technology Theory & Practice, 137-162.
- 中野美知子編著（2005）『英語教育グローバルデザイン』学文社.
- Nakano, M. (Ed.) (2010) Tutor's handbook tutorial English. Waseda University International Co.
- Nakano, M., & Bonham, G. M. (2005) The CCDL project: Learning across borders in a networked culture. In M, H. Field & J. Fegan, (Eds.), Education across borders: Philosophy, policy, pedagogy - New paradigms and challenges (pp.259-276). Tokyo: Waseda University Media-Mix.
- 中野美知子・小泉大城・平澤茂一・近藤悠介（2013a）「異文化交流実践講座（Cross-Cultural Distance Learning: CCDL）の学習効果調査——ソーシャル・スキルは向上するのか？」『情報処理学会第75回講演論文集』4, 1397-1398.
- Nakano, M., Kuroda, M., Jimma, T., & Nagama, H. (2011b) A Waseda OCW project: Making use

- of mobile technologies in discussion tutorial English (DTE). A paper presented at Asia Regional OpenCourseWare Conference (AROCC) 2011, 517-521.
- Nakano, M., Kuroda, M., Jimma, T., Nagama, H., & Taniguchi, K. (2012) The fourth Waseda University JOCW project: Making use of mobile technologies and cloud computing. Cambridge 2012: The joint Conference of OER and OCW Consortium, 1-21.
- Nakano, M., Mori, H., Inaba, N., & Doi, Y. (2011c) Cross-cultural distance learning partner search site for Waseda OpenCourseWare (WOCW). A paper presented at Asia Regional OpenCourseWare Conference (AROCC) 2011, 523-529.
- Nakano, M., Murao, R., Yokota, M., Sumi, A. K., Ito, S., & McDermott, D. (2008) Developing Transferrable Skills and Social Intelligence through Theme-based Cross Cultural Distance Learning 2008 spring semester. Information Communication Technology Practice & Research 2007, 191-199.
- Nakano, M., Mori, H., Inaba, N., & Doi, Y. (2011d) Cross-cultural distance learning partner search site for Waseda OpenCourseWare (WOCW). Informatics, 517-529.
- 中野美知子・中澤真・小泉大城・近藤悠介・平澤茂一（2013b）「早稲田大学のCCDL（Cross-Cultural Distance Learning）授業におけるネットワーク通信品質（QoS）の影響とその学習効果について」『Information Communication Technology Practice & Research 2012』67-81.
- Nakano, M., Owada, K., Tsutsui, E., & Kondo Y. (2009a) English Tutorials, CEFR and ACPA. Proceedings of the 14th Conference of Pan-Pacific Association of Applied Linguistics, 375-378.
- Nakano・M., Owada, K., Ueda, N., Oya, M., Tsutsui, E., & Kondo, Y. (2011a) JACET-ICT survey and research committee special symposium: A study of on-line and face-to-face interactions and CEFR-based certificates. Proceedings of The JACET 50th Commemorative International Convention, 118-125.
- 中野美知子・大和田和治・上田倫史・大矢政徳・筒井英一郎・近藤悠介・吉田諭史（2012）「CEFRに基づいたスキル認定書策定への試み」『JACET KANTO Journal』2, 48-59.
- Nakano, M., Owada, K., & Ueda, N. (2018) Cross-Cultural Distance Learning (CCDL) programs as ELF interactions and the need for a situated model of instructions. Information Communication Technology Theory & Practice, 107-135.
- Nakano, M., Sugiyama, H., Itoh, M., Kondo, Y., & Tsubaki, H. (2009b) Lesson review tests and CEFR can-do statements. Proceedings of the 14th Conference of Pan-Pacific Association of Applied Linguistics, 369-374.
- Nakano, M., & Yoshida, S. (2008) A pilot study: Exploring a relationship between four kinds of motivation and self-regulations for second language learning among Japanese university students in cross-cultural distance learning contexts. Proceedings of the 13th Conference of Pan-Pacific Conference of Applied Linguistics, 97-100.
- Nakano, M & Yoshida, S. (2018) Investigations into the effectiveness of CCDL programs in promoting ELF Communicative Capabilities and Learner Autonomy. Information Communication Technology Theory & Practice, 163-189.
- 中澤真・小泉大城・近藤悠介・中野美知子・平澤茂一（2013）「早稲田大学の異文化交流授業（CCDL）におけるネットワーク回線の通信品質とその影響について」『情報処理学会第75回講演論文集』4, 401-402.
- 日本学生支援機構（2017）『平成28年度外国人留学生在籍状況調査結果』http://www.jasso.go.jp/about/statistics/intl_student_e/2016/index. html（2017年10月11日）
- 西村昭治（2005）「e-Learningによる大学通信教育課程の実践──早稲田大学人間科学部eスクールの取り組み」『メディア教育研究』1 (2), 45-57.
- NTTコムリサーチ（2014）『大学のオープン化に関する調査結果』http://research.nttcoms.com/database/data/001934/（2018年1月20日）
- Owada, K., Yoshida, S., & Nakano, M. (2013) Promoting networking among Asian students in the ELF context: A questionnaire survey of Japanese university students in the cross-cultural distance learning (CCDL) Program. In R. C. Tsai & G. Redmer (Eds), Language, Culture, and Information Technology (pp. 33-50). Taiwan: Bookman Books.
- Park, K., & Nakano, M. (2007) Asia Englishes and miscommunication. Korea University Press.
- Park, K., Nakano, M., & Lee, H. (2003) Cross-cultural distance learning and language acquisition. Hankook MunWhasa: Seoul, Korea.
- Romero, C., & Ventura, S. (2013) Data mining in education. Data Mining and Knowledge Discovery, 3 (1), 12-27.

- 重田勝介（2016）「オープンエデュケーション 開かれた教育が変える高等教育と生涯学習」『情報管理』59（1），3-10．
- 清水康敬・前迫孝憲（1987）「キャンパス間を結ぶテレビ講義の評価」『電子情報通信学会誌 A』69（10），1181-1189．
- Tsutsui, E., Nakano, M., & Kondo, Y. (2010) A tentative method of reforming your assessment of English abilities into international standards such as common European framework of reference (CEFR) (3)： Comparing European and Japanese language users. Proceedings of 15th International Conference of Pan-Pacific Association of Applied Linguistics, 450-453.
- 渡邉文枝（2015）「JMOOC講座「しあわせに生きるための心理学〜アドラー心理学入門〜」運営報告」『2015年度第4回DCC産学交流フォーラム発表資料』早稲田大学．
- 渡邉文枝（2016a）「JMOOC講座 開講事例紹介 第1弾講座「国際安全保障論」講座運営学内支援体制及び運営報告」『The 1st JMOOC Global Workshop in Seoul発表資料』．
- 渡邉文枝（2016b）「JMOOC講座 開講事例紹介 第2弾講座「しあわせに生きるための心理学〜アドラー心理学入門〜」講座運営学内支援体制及び運営報告」『The 1st JMOOC Global Workshop in Seoul発表資料』．
- 渡邉文枝（2017）「早稲田大学におけるJMOOCの講座への取り組み」『日本教育工学会 SIG-05 ゲーム学習・オープンエデュケーション レポート2017』，36-40．
- 山川修（2015）「組織を越えたLearning Analyticsの可能性――その批判的検討」『コンピュータ＆エデュケーション』38, 55-61．
- 山内祐平（2005）「eラーニングによる教育と社会サービス――東京大学」吉田文・田口真奈・中原淳編著『大学eラーニングの経営戦略 成功の条件』東京電機大学出版局，pp.21-39．
- 吉田文（2005）「政策主導による「遠隔授業の制度化」」吉田文・田口真奈編著『模索されるeラーニング 事例と調査データにみる大学の未来』東信堂，pp.5-19．
- 吉田幸二（2009）「情報通信技術の発展」宮地功編著『eラーニングからブレンディッド・ラーニングへ』共立出版，pp.1-11．
- 吉田諭史・中野美知子（2009）「学習動機の学習者内観調査――2008年度調査結果」『全国調査から見るICT教育――実践・評価・理論 2008 JACET-ICT 活動報告書』59-97．
- Yoshida, S., & Nakano, M. (2010a) Social skills in English communication: An empirical survey among cross-cultural distance learning (CCDL) participants. Proceedings of 15th International Conference of Pan-Pacific Association of Applied Linguistics, 462-469.
- Yoshida, S., & Nakano, M. (2010b) A comparative study of motivation toward cross-cultural distance learning (CCDL) computer mediated communication (CMC) activities. Proceedings of 15th International Conference of Pan-Pacific Association of Applied Linguistics, 454-461.
- 吉田諭史・中野美知子（2011a）「CCDL CMC交流における英語学習動機――2010年度調査結果」『2010年度ICT授業実践報告書』147-159．
- 吉田諭史・中野美知子（2011b）「CCDL交流における異文化間ソーシャルスキル――2010年度調査結果」『2010年度ICT授業実践報告書』161-174．
- Yoshida, S., & Nakano, M. (2011) A pilot study on the relationship between learning climate in English classroom and students' motivation toward the classroom activities. Proceedings of the 16th Conference of Pan-Pacific Association of Applied Linguistics, 357-364.
- Yoshida, S., & Nakano, M. (2013a) L2 learners' motivation for learning English in computer-mediated communication activities. Selected Papers of the 17th Conference of Pan-Pacific Association of Applied Linguistics, 82-93.
- Yoshida, S., & Nakano, M. (2013b) Assessing the use of cross-cultural social skills in the context of computer-mediated communication activities. Information Communication Technology Practice & Research 2012, 57-65.

【附録】遠隔教育センターがサポートした主な講座名称
Textual Chatting (CUSeeMe)：Essex University, Korea University, University of Malaya and De La Salle University (ISDN) 1999 - 2004
◆CCDL programs outside class hours 1999―
　Oral Chat and Textual Chat

NamSeoul University, De La Salle University, Tamkang University, Tsinghua University, University of Malaya, Korea University, Hanyang Women's University, University of Hawaii at Hawaii Island, University of Griffith
German online
French online
English online with Chinese Normal University 2002 - 2013
Global Literacy course with Korea University 1999—
Graduate Course: English Language Education at Faculty of Education and Integrated Arts and Sciences with Psycholinguistics and TEFL I & II in Korea University Graduate School
Graduate Course: English Language Education with Colon University, Germany

◆Theme-based CCDL programs since 2004—
  Global and Social Issues
  Media
  International Career Path
  (Participating Universities: Korea University, Dalian University of Technology, Dalian University of Foreign Languages, DaLian JiaoTong University, Tamkang University, Southern Taiwan University, Shanghai JiaoTong University)
◆Cyber seminars:
  ◆Edinburgh University: Applied Linguistics and Language in Use
  ◆Essex University: Japanese Literature in England
  ◆Syracuse University: Homeland Security, and Reconstruction of Iraqi
  ◆Colorado University: Speech Science
  ◆University of Hawaii at Manoa: Language Acquisition and Psycholinguistics
◆One-to-one videoconferencing +BBS
Distance Chinese Oral Training Class 1999—
Waseda-Colorado Bilingual Cross-Cultural Exchange 200 - 2010
Cyber Exchanges with Far East Federal University of Russia
Cyber Lectures by RELC International Symposium（TeleMeet）
◆Multi-point video conferencing with on-demand lectures + Face-to-face seminar
  ◆Co-existence in Asia 2003 - 2006
    (Fudan University, National University of Singapore, Thammasat University, De La Salle University and Waseda University)
  ◆World Englishes and Miscommunications 2004—
    (Korea University, Hannam University × 2, Wenzao University, Tamkang University, Macau University, Chulalongkorn University, Hong Kong Baptist University, De La Salle University, University of Malaya, Fudan University and Wuhan University)
  ◆Towards the Establishment of East Asian Community with De La Salle University 2006 - 2007
  ◆Free Trade Agreement in the East Asia 2007 - 2010
    (Fudan University, National University of Malaysia, Thammasat University, De La Salle University and Waseda University)
  ◆Global Honors College in 2010 - 2012
    (Columbia U., Harvard, MIT, Yale U., Washington U., Korea U, NUS, Beijin U)
  ◆Global Leadership Programs, 2012-2016
    (Columbia, Georgetown, U Penn, California (Barkley), Washington, Waseda)
  ◆Academic Writing on-demand course with Oregon University
  ◆Business English on-demand course with cyber interactions: Adelaide University
  ◆Oral Chatting（LiveOn）：Korea University, NamSeoul University, Kangwon National University, Hanyan Women's University, 白石大学，元智大学
  ◆Japanese on-demand courses to Beijing University and Reimin (人民) University in China, Far-east Federal University of Russia and Japanese language schools in Thailand

Column　統計教材モジュール展開プロジェクト

　早稲田大学では，2014年よりフルオンデマンド科目の統計リテラシーという講義をグローバルエデュケーションセンターより全学向けに開講している。「ICTを活用した新たな教育手法の開発ならびに普及」の一環として，グローバルエデュケーションセンターと大学総合研究センターでは，統計教材モジュール展開プロジェクトを行っている。これは学部によって必要となる統計学の知識が異なるという背景を踏まえて，統計リテラシーの教材コンテンツを再構成し，1つのコンテンツを内容に応じて細かくブロック化し，テキスト，動画，練習問題を1つのモジュールとして，学内向けに公開する試みである。

　それらにより，教員が担当科目において，モジュールを主要教材の一部として利用することや予習・復習用の副教材として活用，またレポートや卒業論文を執筆するにあたり，必要となる統計関連の知識やスキルを修得するために活用することを目指している。早稲田大学においては，各学部で様々な統計関連の講義が開講されているが，オンライン教材を活用することで，分野を問わず必要な統計知識を提供することが可能となる。

　こちらのプロジェクトは，2018年4月より運用を開始している。2018年7月時点で43名の教職員から利用申請があり，312名によって実際に利用されている。今後，さらなるコンテンツの拡充とこれらの統計モジュールコンテンツを活用した教育実践の蓄積及び課題の改善が必要であろう。

〔石井雄隆〕

終章

大学総合研究センターの次のステージ──大学改革の中心へ

佐藤正志

　以上の諸章において，設立以来の大学総合研究センターの活動の成果がまとめられ，紹介されてきた。ここでは，その間，教務担当の理事として，そうした活動や成果をどのように受け止めてきたかについて若干のコメントを記すとともに，今後の課題と展望にふれて，終章に代えたい。

〈Waseda Vision150の目指す教育改革のなかで〉

　既に本書の各章で触れられてきたように，この間の早稲田大学の改革は，建学の理念に基づく中長期計画Waseda Vision150に掲げられた目標の実現を目指す多くのプロジェクトを軸として進められてきた。なかでも多岐にわたる教育改革プロジェクトを教務部が中心となって組織し，推進してきた。例えば，Waseda Vision150の13の核心戦略の一つである「対話型，問題発見・解決型教育への移行」については，アクティブ・ラーニングを，さらに深い理解と一体となった「ディープ・アクティブ・ラーニング」（松下，2015）へと深化させることを目指し，学習者主体の学びへの教育のパラダイム転換こそが根本的な課題であるという理解を共有しながら，必要なさまざまな施策を検討し，実施してきた。教室外の主体的な自学自修の空間としてのラーニング・コモンズの整備，問題発見・解決型の学習機会としての地域連携教育プロジェクトの展開などは象徴的なものであるが，いっそう重要であるのは，教職員のあいだでの教育におけるパラダイム転換の理念の共有化，そうした教育を支える知識や技能の修得をめざすFDならびにSD，またそうした教育・学修に不可欠な方法や技術の開発，さらには新たな教育・学修支援システムや学修ポートフォリオの開発である。これらは，まさし

く，大学総合研究センターに期待された役割であり，実際に教育方法研究開発部門が担ってきたことである。

　また核心戦略のなかには，「大学の教育・研究への積極的な学生参画の推進」があるが，これに基づきながら，上記のような教育改革を推進するために，教務部で取り組んだプロジェクトの一つに第4章で紹介したTA制度の改革がある。このプロジェクトを通じて，従来のような教員の補助者としての役割から，学生自身が講義や演習への参画を通じて成長し，また学生同士の学びあいを通じてそれらを真にアクティブにするようなTAとして，カリキュラムTAや高度授業TA，また自学自修をサポートするLAの制度を導入した。この新たなピア・サポートのシステムの導入と今後の展開のために，大学総合研究センターに期待される役割の重要性は言うまでもないであろう。そのシステムの開発と運用にとどまらず，TA・LAの育成や彼ら／彼女らの能力開発が大学総合研究センターにかかっているからである。

　教育改革を進めるにあたっては，教務部が主体となって，理事会に提案し，各学術院と対話して，理念や方針の全学的な共有化をはかり，実現に向けては，関連の深い本部各箇所との連携体制をつくることに留意してきた。その過程で常に必要とされたのは，上記のように，大学総合研究センターのもつ専門的情報や技術であった。とりわけ全学的普及や実現のためには，教務部，大学総合研究センター，学術院の三位一体の体制が不可欠であることを改めて確認しておきたい。

〈「Waseda Ocean構想」から〉

　Waseda Vision150に基づく国際化の戦略的展開が「Waseda Ocean構想」であるが，この実行本部も教務部内におかれ，本部長を教務担当理事が務めることになった。本構想が目指すのは，オープンでダイナミックな，そして多様性をもった，グローバルな教育研究ネットワークを構築し，そのネットワークのなかで本学の教育研究の質を飛躍的に向上させることである。そのために，まず学内において既にグローバルで先端的な活動実績をもつ分野から6つのモデル拠点を構築し，それを上記のネットワークのハブとして機能させることを目標とした。それは，伝統的なディシプリンを基礎とした学位

プログラムを，博士学位まで一貫して高度化・国際化してゆくことを意味する。本学のグローバル化のために，こうしたモデル拠点の活動を活発にし，その活動を他の分野の学位プログラムまで波及させてゆくことが，いかに重要であるかは言を俟たない。

　しかし，同時に，「Waseda Ocean構想」の推進を通じて明らかになってきたことは，既存のディシプリンを超えた教育研究プログラムの必要性である。構想では，地球規模の課題の解決と未来を創造する研究と人材の創出・育成をうたっている。そのためには，研究者が既存ディシプリンに足場を置きながら，新しい課題の解決，未来の人材育成のために，分野を超えて結集し，研究教育プログラムを展開することが必要となっている。アジアに位置する日本という視座からSDGs（Sustainable Development Goals）と平和構築の課題に学際的に取り組み，ポリシー志向の研究教育プログラムの展開をめざす，7番目のモデル拠点としての「グローバル・アジア研究拠点」，またビッグデータとAIがもたらす未来社会へのインパクトを見据えて，全学を巻き込む学際的取り組みとして設置されたデータ科学総合研究教育センターは上記の必要に応えたものである。さらに，デザイン思考や起業家養成，あるいは生物・生命，医療をキーワードとするような研究教育プログラムを，オープン・イノベーション・ラボ方式で，あるいは学外機関とのコンソーシアムを伴った卓越大学院モデルで，学術院を超えた教員の参加を通じて展開しようとする動きも出てきている。

　ここに，大学総合研究センターの高等教育研究委員会の検討報告書である「早稲田大学における学術院組織のあるべき姿」の提起した問題への一つの答えが見いだせるように思われる。と同時に，そこに，検討報告書以後の大学総合研究センターとしての課題と役割も見いだせるのではないであろうか。一方で，伝統的なディシプリンに基づく学位プログラムをグローバルな水準へと高度化するという課題，他方で，開放的で柔軟な学際的・文理融合型の研究教育プログラムを創造するという課題，それらを両立させるような大学のグランドデザインを描くということ，そしてすでに動き出した新しい教育プログラムの質保証のための支援をするということである。

〈第3期認証評価にどう対応する〉

　早稲田大学にとっての，当面の重要な課題としては，大学基準協会の認証評価受審への対応がある。2020年に受けることになる第3期の認証評価では，これまでと異なり，教育の内部質保証が最も重視される。言うまでもなく，建学の理念に基づく中長期計画であるWaseda Vision150を策定し，そこで掲げた教育改革と研究推進，さらに大学ガバナンスの革新に向けた核心戦略とその下での数多くのプロジェクトを，全学的な体制を構築して，PDCAサイクルを回しながら実施し，Visionの目指す諸目標の実現を目指してきたことが，本学にとって全学的な自己点検・評価にもとづく内部質保証システムの骨格となっている。

　ただし，認証評価では，それぞれの学位プログラムごとに教育の内部質保証体制が確立され，機能していることが前提として求められ，その上でそれらを大学全体の中長期的な目標に向けた取り組みと整合性をもつように調整し，全学の教育改革を進めるという意味での自己点検・評価の責任体制が確立しているかどうかが問われる。

　この点においても，早稲田大学は既に先駆的に取り組んできたと言えるであろう。というのも，先のWaseda Vision150と同時に，各学術院でも中長期計画を策定し，全学的なWaseda Vision150推進拡大会議のなかで，年度ごとの成果報告と計画の更新を報告してきたからである。またそうした中長期計画に基づく，教員増をともなう教育改革プロジェクトを学術院などの学内各箇所から公募し，英語学位プログラムの新設や拡大等の国際化を中心とした改革を支援することを行ってきた。

　例えば政治経済学術院では，「グローバル・パースペクティブをもつリーダー養成」を掲げた「SEIKEI Vision150」を策定し，一方では学部・大学院から研究所まで含めた体系的に高度な専門研究・教育プログラムの推進，他方では，分析手法やコミュニケーション能力等のグローバルなアカデミック・リテラシーの修得を促す総合的な能力開発プログラムの推進に取り組み，英語学位プログラムの拡大とともに，完全に日英ハイブリッドの教育プログラムを実現することを目指した（佐藤，2012：早稲田大学政治経済学術院，

2014)。ここに，個別の学位プログラムと大学全体の改革の動きが共鳴し，双方向で改革を促進する力となった例をみることができる。

　また，理工学術院の例では，教員増をともなう教育改革支援策を通じて，学術院と本部との間で，学部から大学院までの教育プログラムの再編を通じた改革と国際化，またそれを基盤とする重点的な研究体制の再構築について，緊密な議論が続けられ，Waseda Vision150の目指す改革に推進力を与えるプログラムが実施されることになった。

　これらは一例にすぎないが，そこには第3期の認証評価が求める教育の内部質保証システムが確かに機能していると言えるであろう。しかし，それはさらに深化され，明確に分節化され，全学的に一貫したものとして確立される必要がある。とりわけ，各学位プログラムでは，上記のような中長期の教育改革の核心において，それぞれの学位授与方針，カリキュラム・ポリシー，入学者受入方針のいわゆる3ポリシーを再検討し，それをもとにPDCAサイクルを回し，教育の質保証に取り組むことが求められている。

　まさしくその時にこそ，大学総合研究センターと学術院との協働が求められるであろう。各学位プログラムの教育の質保証のシステムを真に機能させるためには，教育プログラムのデザインやその成果の評価等について専門的な知識と客観的なデータが不可欠である。とりわけ各学術院が三つのポリシーで明確化された教育方針に基づく教育活動について，自己点検・評価を通じた自己改革を進めて行くためには，学修成果の的確な評価が不可欠であり，そのためのガイドラインや必要なデータを提供することが大学総合研究センターに期待されるであろう。多様で高度な専門分野のそれぞれが有する特殊性からくる学修成果評価の困難性を踏まえながら，そうした専門分野の各学位プログラムにコミットしている教職員と，学習理論やデータサイエンスに基づく知見をもつ大学総合研究センター教職員の協働こそが真の教育改革を実現するに違いない。

〈高大接続改革への取り組みから〉

　こうした協働の重要性と可能性は，私自身が一つの経験を通じて強く実感させられたことでもある。Waseda Vision150では，入試制度の抜本的改革

をプロジェクトの最初に掲げてきたが，高大接続システム改革が我が国の教育界全体の課題としてクローズアップされてくる中で，本学でもそれに呼応して高大接続改革本部を設置して，従来の附属・系属校問題をこえた普遍的課題として積極的に取り組むこととした。また，入学選抜方法の改革においても全国的な課題解決への貢献とその本学の入試改革への展開を目標として委託事業を受託した。私は，教務担当理事として，高大接続改革本部と委託事業の責任を引き受けることになった（佐藤，2018a）。

　この高大接続改革で大学に求められたのは，根本的には，PISAショック以来，初等・中等教育で取り組まれてきた教育改革を踏まえ，学力の三要素を重視し，アクティブ・ラーニングを取り入れた学習を通じて育った生徒を受け容れ，その能力を発展させることのできる接続のシステム（入試）と教育を提供することであった。それはまた，大学にとっては，教育課程を通じて育成すべき能力とは何かを改めて問い直し，それぞれの学位プログラムを通じた専門的な知識や技能のみならず，「社会人基礎力」や「学士力」と呼ばれることもある，専門分野を超えた汎用的な新しい能力を養う学修機会を創造するという課題でもあった。本センターの高等教育研究委員会の「早稲田大学における全学教育のあるべき姿」についての検討報告書は，まさしくこの課題への取り組みから生まれたものであろう。

　高大接続改革本部の取り組みとしては，上記のような観点から，改めて各学位プログラムの学位授与方針，カリキュラム・ポリシー，入学者選抜方針について点検見直しが必要であるという認識を共有するために，私は教務部職員とともに，すべての学術院を個別に回り，学部・大学院の執行部と議論する機会をもった。それを通じて強く印象づけられたことは，それらの見直しを可能とするような内部質保証の取り組みが，実際には各学術院のなかで多様なかたちで存在しているということであった。教育の社会的責任に敏感でありつつ，自ら行っている教育の質に対する誇りをもち，仲間とととともに教育という仕事の困難さと喜びを分かちあう精神がその基盤となっている。必要なことはそれらの実践から教育の質保証のシステムを分節化し，より確実にし，制度的に定着させること，また学術院間で経験を共有し，あるいは外部の視点をいれて，普遍化し，可視化して，その機能をいっそう活性化

し，浸透させ，高度化することである。

　このとき，大学総合研究センターには「検討報告書」を超えて一歩踏み出したコミットメントが期待されるであろう。じっさい，大学総合研究センターでは，上記の各学術院とのミーティングをきっかけとして，すでに，各学術院で進められている3ポリシーの見直しの状況についての情報を集約し，学術院間でそれらを共有できるようにするとともに，全学の3ポリシーと各学位プログラムとの整合性を図る作業と，各学術院での3ポリシーにもとづく教育の内部質保証システムが機能するように，とりわけアセスメント・ポリシーを中心として全学的なガイドラインを提供する準備を進めている。ここから，各学術院と大学総合研究センターとの協働が始まり，教育改革の中核をになうべき大学総合研究センターの次のステップへの確かな一歩を踏み出すことになるであろう。

〈これからの大学のために〉

　当面の課題を超えて，未来における早稲田大学のあり方，あるいは存在そのものについて考えるという視点から，いま取り組まなければならない課題として，次の三つが重要ではないかと考えている。一つは，地域創生への貢献である。これは早稲田大学の根源にかかわることであり，多様な学生を全国各地から受け容れ，グローバルな視点をもって地域の発展に貢献する人材を育てることは，まさしくWaseda Vision150のグローバル人材養成の中核をなすと同時に，いままさに都市に位置する大学の存在そのものに投げかけられている懐疑に応えることである。二つ目は，MOOCとeラーニングである。これらは，ヨーロッパの中世の都市にはじまった教室における教師と学生の共同という大学の根源に対するラディカルな挑戦であると同時に，また大学の再定義にもつながるものである。三つ目は，人生100年時代を見据えた社会人教育ないしリカレント教育である（佐藤，2018b）。生涯の様々なステージで高等教育機関はどのような学修の機会を提供できるのかが問われている。

　社会人教育に関して，私は「ディープ・リカレント」と「エクステンションからインテグレーションへ」を提唱している。前者は，大学で学ぶことの

根源的意味にまで遡りうるような学修機会を提供すること，後者は大学の知の開放にとどまらず，むしろ大学と社会との出会い，学生と社会人が共に学ぶことから，新しい大学の可能性を拓くことを意味している。そのように考えると，二つの言葉は，三つ全ての課題に当てはまるであろう。そしてそのように学びを深め，多様な教育プログラムの統合を可能にする「進化する大学の仕組み」（Waseda Vision150の核心戦略）を創出することこそが，大学総合研究センターの使命であるように思われる。

【文献】
- 佐藤正志（2012）「政経130周年　新たな伝統──生まれ変わる3号館」『西北の風』12, 8.
- 早稲田大学政治経済学術院（2014）『SEIKEI Vision150 グローバル・パースペクティブをもつリーダー養成』https://www.waseda.jp/fpse/pse/assets/uploads/2014/11/Vison150.pdf（2019年2月11日）
- 佐藤正志（2018a）「地理歴史科・公民科入試のゆくえ──文部科学省委託事業の現場より」『大学時報』380, 102-107.
- 佐藤正志（2018b）「早稲田大学のリカレント教育──"Extension"から"Integration"へ」『CAMPUS NOW』229, 4-5.
- 松下佳代編著（2015）『ディープ・アクティブラーニング』勁草書房.

おわりに──大学総合研究センターへの大きな期待

　大学教育は大転換に向けた大きな曲がり角を迎えている。それは社会が大学に対して期待する役割が変化していることに加えて，デジタル技術を中心とした教育のために活用できるツールや技術が飛躍的に進化しつつあるからである。社会はこれまでの延長線上をゆっくりと安定的に歩むことはなく，不連続なジャンプを繰り返しつつある。したがって人に求められる能力も，過去の知識に安住して確実に定められたことを遂行するというものではなくなっている。常に不連続なイノベーションに取り組む能力が必須とされる社会が目の前に来てしまった。そうした社会状況の中では当然高等教育を担ってきた大学に対する役割への期待は大きく転換せざるを得ない。そして大学の役割が変化し，行うべき教育内容や方法が大変革される時に，その実現に大きな味方，武器となってくるのがデジタル技術の成果である。すでにオンデマンド授業配信，ラーニング・マネジメント・システム等々が多様かつ高度に活用され，教育の変革に寄与しているが，今後はさらに教育ビッグデータ分析，AIなどが駆使されて，これまでには想像もできなかった教育ツールが出現し，教育方法そのものの考え方も変えてしまうに違いない。

　高等教育のあり方については専門研究者の議論に任せるべきで，私などのような素人が出る幕はないが，敢えて愚考するに，これから求められる能力を一言で言えば，「関数を発見，構築すること」ではないかと捉えている。たとえば，「1のときは1，2のときは4，3のときは9」という現象を見たときに，ただ単に「1のときは1，2のときは4，3のときは9，4のときは15」と九九のように丸暗記することがこれまでの古典的な知識獲得であるとするならば，この現象の背後にある「法則」を産み出す能力がこれからの時代で本質を見抜き，根本原理を洞察し，創造性を発揮する基となる能力であると考えている。この例で言えば，$y = x^2$という法則が現象や事例の背後にあり，表面的な現象に惑わされず，背後にある因果関係や影響関係という本質や根本原理をあぶりだ

す能力,すなわち,y = f (x) における関数の「f」をいかに創り出すかという能力がこれからはさらに重要になると思われる。

　そうなってくると,大学が担うべきもう一方の役割である新たなものを産み出す「研究」というものは,ますます「教育」に対する活用範囲,影響力,効果を有する存在となってくるだろう。これまでは伝統的に「研究成果を教育へと展開する」というのが研究と教育の関係だったものが,「研究こそが教育である」というイコールの関係へと進化するのではないかと考えている。もちろん大学院ではそうしたことが行われているのだが,必ずしも1つの研究分野だけでなく,またタコツボ的でない,学部レベルでも入学当初から「研究」という新たなものを産み出すことを意識した教育,つまり新たなものを産み出すプロセスを獲得するための能力開発が浸透していくことになるのではないか。もちろん,たとえばすでに盛んに活用されているプロジェクト・ベースド・ラーニングなどは,課題解決型で似た性格を有しているが,それ以上に研究,すなわち新たなものを発見する・創り出すことを前面に押し出した教育プログラムが開発されていくのではないかと考えている。これは現在,急ピッチで進みつつある初等中等教育の改革がそれを後押しするに違いない。初等中等教育がこれまでの知識詰め込み型教育から決別し,問題発見・課題解決型に移行しつつある中で,この課程を経て大学に進学してくる学生にはそうした基礎的素養がすでに備わっているはずで,これを前提とする高等教育は学部レベルの時点から研究型へと進化していくと考えられる。

　研究は自発的積極的に遂行するものであるから,まさにこれまでの学習者が「やらされている」状態から自律的な学習スタイルへとより加速的に変化するであろう。したがって研究と教育が一体となった教育プログラムを各学問分野でどのようなコンセプト,内容で開発したらよいのかが求められてくる。一方,新たなものを産み出す「研究＝教育」には,様々な分野の基礎知識や専門知識がこれまでと同等,あるいはそれ以上に不可欠なものとなるので,これらをきちんと学習しなければなら

ない。しかしそれは大学のリアルな空間で人的資源が必要な対面で行う必要性はなく，デジタル技術を駆使して，教育コンテンツをアーカイブ化した時・空・人を超越する教育プログラムを開発することになる。そしてその学修効果測定や学修改善も教学IRの発展によって，たとえばラーニング・アナリティクスなどを有効活用することで的確な分析が可能となる。

　一方で，こうした新たな教育を支えるべき教員群をどのように育てるかという課題も検討しなければならない。いわゆるFDであるが，現在は教員各自の自主性に任されているのが実情である。教育への意欲の高い教員は新たな教育方法やツールの取り込みに積極的であり，様々な創意工夫を凝らしている。大学総合研究センターでは早稲田大学ティーチングアワードやWASEDA e-Teaching Awardの表彰制度によって，そうした教員を顕彰すると同時に，グッド・プラクティスの発掘・普及に乗り出してはいるが，すべての教員への波及という点ではどうしても限定的になる。全教員が参加する研修制度を導入する時期に来ているのではないかと考えている。

　こうした大学における教育スタイル変革が起こるという確かな予感の中で，大学総合研究センターの役割の重要性はさらに高まっていくと感じている。それはまさに前述の開発すべき事項のすべてが大学総合研究センターのミッションとなっているからである。すでにシンクタンクとしての機能は十分に果たしており，高等教育研究部門では新たな高等教育の在り方を教学IRといったエビデンスに基づく足が地についた実践的な研究成果を多数あげている。一方教育方法研究開発部門においても，教育工学に基づく斬新な教育メソッドの開発や実証実験の取り組みが数多く行われている。

　この教育メソッドの開発・実証実験という意味では，1999年に発足し，現在，2017年度から大学総合研究センターの一部門に包括された産学連携コンソーシアムであるデジタル・キャンパス・コンソーシアム（DCC）の役割には大きなものがあると言わざるを得ない。DCCは

3か年ずつのプロジェクトを続け，現在では第7次プロジェクトが動いている。早稲田大学とICT企業約20社が協働してその時代の最先端のICT技術を駆使したデバイス，ソフトウェア，コンテンツを持ち寄って，新時代を切り開くデジタル教育メソッドを開発・検証し，早稲田大学内に普及するべく活動を行っている。これまでに数多くの開発事例があり，たとえばCross-Cultural Distance Learningの授業開発・運営やDiscussion Tutorial Englishのモバイル・ラーニング・システムの開発，あるいは日本語教育教材としてのデジタル漢字ワークブックの開発などが挙げられる。また月1回程度のシンポジウムやワークショップを開催して，学内外に広く活動成果を発信している。DCCは産学連携ならではの視点や協働作業によって，大学だけではなし得ない新たな高等教育の具体的なツールを開発することができた。これは少なくとも国内では例を見ない長年にわたる活動であり，これを今後も有効活用することは大学総合研究センターの将来にとって大きな資産となるものである。

　以上のように，大学総合研究センターは発足当初から今日まで，有益な産学連携も含めて，目指すべきゴールである新たな時代を切り開く高等教育の実現に向けて，着実な歩みを続けている。しかし，さらに欲を言えば，そうした開発を担うだけでなく，開発したコンセプト，手法，プログラムを学内に実装することにも寄与する存在となってほしいと考えている。前述したように，実際，開発された新たな優れた教育手法等が先端的に教育方法の改革に取り組む教員には浸透しつつあるものの，多数を占める「普通の教員」を巻き込んで全員が実践しているというような大学キャンパスの風景にはまだ至っていない。大学総合研究センターはシンクタンクであるばかりでなく，コンサルテーション，学内営業も担う実戦部隊として機能してほしいと願っている。もちろん，人的・資金的リソース面ですぐには実行できないにしても，次のステップではこうしたことを見据えながら，常に前へ！と進んでもらいたいと切に期待している。

大野髙裕

●大学総合研究センター年表

年	月日	カテゴリー	事項
2014	4月	CTLT	CCDLにおいて複数の国（3地点）と交流を行う「Multi-culturalclass」を本格導入
	4月	CTLT	2014年度春学期Course N@vi説明会
	4月28日	CHEIR	第1回高等教育研究委員会開催（研究課題案提示）
	5月13日	CHEIR	第2回高等教育研究委員会開催（研究課題案検討）
	5月16日	CTLT	第2回WASEDA e-Teaching Award表彰式兼講演会開催
	6月	CTLT	JMOOC講座として「国際安全保障論」（栗崎周平政治経済学術院准教授）を開講。約12,000名が履修登録を行い、うち約1,300名が修了
	6月24日	CHEIR	第3回高等教育研究委員会開催（研究課題案の分類、優先順検討）
	7月	CTLT	2014年度春学期学生授業アンケートを実施
	7月15日	CHEIR	第4回高等教育研究委員会開催（研究ロードマップ、研究計画書案検討）
	7月25日	CTLT	フォーラム「インド体験実習科目におけるICT活用の意義」開催
	8月1日	CHEIR	第3回管理委員会開催、臨時管理委員会でアクションプラン決定
	9月18日	CTLT	JMOOC「国際安全保障論」報告会開催
	10月	CTLT	教務担当教務主任会において、学生授業アンケート集計結果を報告
	10月	CTLT	CTLT Classroomが3号館2階に完成。対話型、問題発見・解決型教育の実践の場として活用を開始
	12月	CHEIR	学内におけるIRに関する実態調査を実施。各箇所実施のアンケート調査、データ集計・分析業務の実情を調査、また学外のIR関連シンポジウムや実務能力養成を目的としたIRインターンシッププログラムに参加するなど情報収集を行い、統合データウェアハウスを構築
	12月-1月	CTLT	2014年度秋学期学生授業アンケートを実施
	12月19日	CTLT	＜共催＞「次世代e-learning公開フォーラム」開催
2015	1月21日	CTLT	Japan-Korea Global Presentation Competition報告会開催
	1月	CTLT	26号館地下スタジオについて、ハイクオリティなクロマキーコンテンツ制作環境を整備。理工学術院における反転授業コース開発にともない、西早稲田キャンパスに収録スタジオ、簡易収録ブースを構築
	3月	CTLT	教務担当教務主任会において学生授業アンケート集計結果を報告し、2015年度実施方針を決定
	3月23日	CHEIR	第1回教育に関する懇談会「本学における定員超過に関する現状と課題について」開催
	4月	CTLT	2014年度春学期早稲田大学ティーチングアワード総長賞授与式開催
	4月	CTLT	西早稲田キャンパスの収録スタジオ本稼働
	4月	CTLT	2015年度春学期Course N@vi説明会
	4月21日	CTLT	シンポジウム「MOOCs～新しい高等教育の潮流～」開催
	5月	CTLT	JMOOC第2弾講座「しあわせに生きるための心理学～アドラー心理学」（向後千春人間科学学術院教授）を開講。約3,500名が履修登録を行い、また対面講義（反転授業）を早稲田キャンパス3号館にて実施。約200名が参加し、盛況のうちに終了
	5月19日	CHEIR	第1回高等教育研究委員会開催（2015年度研究課題案提示）

	日付	部署	内容
	5月29日	CTLT	第3回WASEDA e-Teaching Award表彰式兼講演会開催
	6月23日	CHEIR	第2回高等教育研究委員会開催（2015年度研究計画書案検討）
	6月26日	CTLT	第1回学生授業アンケート検討ワーキング・グループ開催
	7月	CTLT	2015年度春学期学生授業アンケートを実施
	7月4日-7月31日	CTLT	ワシントン大学の教員4名が早稲田を訪問滞在。政治経済学術院，社会科学総合学術院，国際学術院，理工学術院の執行部と懇談や授業見学を実施
	7月7日	CTLT	「UW-Wasedaジョイントプログラムキックオフセミナー」開催
	7月14日	CTLT	フォーラム「教育現場におけるICT活用の可能性について」開催
	7月27日-7月29日	CTLT	ワシントン大学の教員による半日FDプログラム，模擬講義を実施。新任教員を中心に29名が参加
	7月31日	CTLT	第2回学生授業アンケート検討ワーキング・グループ開催
	8月	CTLT	第2回WASEDA e-Teaching Award大賞を受賞した商学部大鹿智基教授（兼任センター員）の反転授業の事例について，私立大学情報教育協会「平成26年度私立大学情報環境白書」の特色ある事例紹介に掲載。併せて，私立大学情報教育協会の教育の質的転換を目指す「ICT利用による教育改善研究発表会」にて本事例を発表
	9月14日	CTLT	「しあわせに生きるための心理学～アドラー心理学入門」実施報告会開催
2015	9月21日	CTLT	2014年度秋学期早稲田大学ティーチングアワード総長賞授与式開催
	9月25日	CTLT	第3回学生授業アンケート検討ワーキング・グループ開催
	9月29日	CHEIR	第3回高等教育研究委員会開催（2015年度後期研究計画書案検討）
	10月	CTLT	教務担当教務主任会において学生授業アンケート集計結果を報告
	10月-12月	CTLT	「Active Learning Tips動画」を3本制作（クリッカー関連2本，グループディスカッション関連1本），教務担当教務主任会，ならびに各学術院教授会で上映
	10月23日	CTLT	第4回学生授業アンケート検討ワーキング・グループ開催
	11月1日	CHEIR	大学IRシステム運用ガイドライン施行
	11月17日	CHEIR	第4回高等教育研究委員会開催（研究進捗報告と関連箇所提案方法検討）
	11月25日	CTLT	セミナー「クリッカーを活用したピアインストラクションの実践と評価」開催
	11月25日	CTLT	Faculty Cafe開催
	11月29日	CHEIR	第1回IR担当者連絡会開催（IR推進体制，検討の進め方等を確認）
	12月	CTLT	政治経済学術院，文学学術院，理工学術院，所沢総合事務センター（人間科学学術院・スポーツ科学学術院）の担当者と収録設備の有効活用と授業公開につながる取り組み等について意見交換を実施
	12月	CTLT	教務担当教務主任会において，学生授業アンケートの新たな共通設問等を提案
	12月22日	CTLT	＜共催＞「次世代e-learning公開フォーラム」開催
2016	1月	CTLT	edX第1弾講座として「Tsunamis and Storm Surges: Introduction to Coastal Disasters」（柴山知也理工学術院教授）を開講。約2,500名が履修登録を行った。なお本講座は米国のJack Kent Cooke財団による奨学金受給のための指定講座に選定

2016	1月	CTLT	2015年度秋学期学生授業アンケートを実施
	1月19日	CHEIR	第5回高等教育研究委員会開催（教育に関する懇談会案検討）
	1月19日	CHEIR	第2回IR担当者連絡会開催（各箇所の現状と課題について確認）
	1月20日	CTLT	Faculty Cafe開催
	1月28日	CTLT	Japan-Korea Global Presentation Competition韓国スタディツアー報告開催
	1月29日	CTLT	海外派遣型FDプログラム参加者を対象に株式会社ベネッセコーポレーションのClassroom Englishに関するワークショップを試行的に実施
	2月1日-3月7日	CHEIR	分析ツール（SAS VA）を用いた学生授業アンケート分析ワークショップ開催（5回）
	2月3日	CTLT	2015年度春学期ティーチングアワード総長賞授与式開催
	2月28日-3月11日	CTLT	ワシントン大学への派遣型FDプログラムを実施し，14名が参加
	3月	CTLT	教務担当教務主任会において学生授業アンケート集計結果を報告し，2016年度実施方針を決定
	3月22日	CHEIR	・第6回高等教育研究委員会開催（最終報告2件と課題検討） ・第2回教育に関する懇談会開催「早稲田の教育の未来をデータから考える」
	4月	CTLT	2016年度春学期Course N@vi説明会
	4月12日	CHEIR	第1回IR担当者連絡会開催（2016年度課題）
	4月13日	CTLT	Faculty Cafe開催
	4月22日	CTLT	第4回WASEDA e-Teaching Award表彰式開催
	5月10日	CHEIR	第1回高等教育研究委員会開催（2015年度継続研究課題検討）
	5月10日	CHEIR	第2回IR担当者連絡会開催（奨学課プロジェクト開始）
	5月11日	CTLT	Faculty Cafe開催
	5月23日	CTLT	「Tsunamis and Storm Surges: Introduction to Coastal Disasters」edX講座第1弾実施報告会開催
	6月8日	CTLT	Faculty Cafe開催
	6月14日	CHEIR	第3回IR担当者連絡会開催（進捗報告）
	6月18日-7月11日	CTLT	ワシントン大学の教員4名が早稲田を訪問滞在。法学学術院，理工学術院，商学学術院，社会科学総合学術院の執行部と懇談や授業見学を行った。また，教員によるティーチング・コミュニティの立ち上げ方，TAトレーニングのあり方について意見交換
	6月23日	CTLT	「対話型，問題発見・解決型教育導入のための手引き」公開
	7月	CTLT	JMOOC第2弾講座「しあわせに生きるための心理学～アドラー心理学」（向後千春人間科学学術院教授）を再開講し，前回同様対面講義（反転授業）も早稲田キャンパス3号館にて実施
	7月12日	CTLT	フォーラム「早稲田大学における反転授業の取り組みについて」開催
	7月13日	CTLT	Faculty Cafe開催
	7月26日	CHEIR	第2回高等教育研究委員会開催（2015年度研究最終報告，まとめ）
	7月26日	CHEIR	第4回IR担当者連絡会開催（プロジェクト報告）

2016	8月	CTLT	ワシントン大学の教員による半日FDプログラムを実施し，新任教員を中心に29名が参加した。またFaculty Cafe特別版と銘打って英語による教授法について，本学教員と意見交換の場を設定
	8月	CTLT	edXコース作成研修開催
	8月3日	CTLT	Faculty Cafe開催
	9月27日	CHEIR	第3回高等教育研究委員会開催（全学必修科目について検討）
	9月27日	CHEIR	第5回IR担当者連絡会開催（奨学課プロジェクト報告，箇所分散型IRフレーム提示）
	10月	CTLT	高麗大学と共同でJapan-Korea Global Presentation Competitionを開催し，10月1日に早稲田大学で決勝大会を開催した（優勝は高麗大学）
	10月4日	CTLT	フォーラム「大学生が身につけるべきスキルとは？～ポートフォリオは産学のギャップを埋めるか～」開催
	10月12日	CTLT	Faculty Cafe開催
	10月25日	CHEIR	第6回IR担当者連絡会開催（留学センタープロジェクト開始）
	11月	CTLT	edX第2弾講座として「Japanese Pronunciation for Communication」（戸田貴子日本語教育研究科教授）を開講。約12,000名が履修登録
	11月9日	CTLT	Faculty Cafe開催
	11月22日	CHEIR	第4回高等教育研究委員会開催（科目カテゴリーについて検討）
	11月22日	CHEIR	第7回IR担当者連絡会開催（EMIR検討開始）
	12月13日	CTLT	Faculty Cafe開催
	12月16日	CHEIR	第3回教育に関する懇談会「早稲田大学における教養教育のあるべき姿」開催
	12月20日	CHEIR	第8回IR担当者連絡会開催（EMIR項目検討）
	12月20日	CTLT	＜共催＞「次世代e-learning公開フォーラム」開催
2017	1月10日	CTLT	Faculty Cafe開催
	1月14日	CTLT	2015年度秋学期・2016年度春学期早稲田大学ティーチングアワード総長賞授与式開催
	1月17日	CHEIR	第4回教育に関する懇談会「早稲田大学における教養教育のあるべき姿」開催
	1月23日	CTLT	Faculty Cafe開催
	1月25日	CTLT	Japan-Korea Global Presentation Competition韓国スタディツアー報告開催
	1月31日	CHEIR	第9回IR担当者連絡会開催（EMIR項目検討，IR業務手引き案）
	1月31日	CHEIR	第5回高等教育研究委員会開催（教養教育の位置づけについて検討）
	2月28日-3月11日	CTLT	ワシントン大学への派遣型FDプログラムを実施し，14名の教員が参加。また，同時期にGLCA/ACMへ2名の教員を2週間派遣
	3月13日	CTLT	WASEDA Vision 150 Student Competitionの決勝大会開催
	3月28日	CHEIR	第10回IR担当者連絡会開催（EMIR項目検討，留学センタープロジェクト報告）
	3月28日	CHEIR	第6回高等教育研究委員会開催（まとめディスカッションと課題検討）
	4月	CTLT	2017年度春学期Course N@vi 説明会

	日付	部門	内容
2017	4月8日	CTLT	2017年度春学期高度授業TA対面研修開催
	4月25日	CTLT	第1回高度授業TAコミュニティ開催
	4月26日	CTLT	Faculty Cafe開催
	4月28日	CTLT	早稲田大学が提供するedX講座第2弾実施報告会グローバルMOOCsにおける世界初の日本語講座「Japanese Pronunciation for Communication」開催
	5月16日	CHEIR	第1回高等教育研究委員会開催（2017年度研究課題方針提示）
	5月17日	CTLT	Faculty Cafe開催
	5月23日	CTLT	第5回WASEDA e-Teaching Award受賞式開催
	6月14日	CTLT	Faculty Cafe開催
	6月27日	CHEIR	第2回高等教育研究委員会開催（教育組織と研究組織の再編成について検討）
	7月14日	CTLT	ワシントン大学における情報化推進戦略に関する講演会開催
	7月25日	CTLT	Faculty Cafe開催
	7月25日	CHEIR	第3回高等教育研究委員会開催（ディスカッション）
	7月25日	CTLT	「大学総合研究センター設置プロジェクト報告会」開催
	9月3日	CTLT	「MERLOT型ラーニングコミュニティ構築のための講演会・ワークショップ――あなたのWebコンテンツをMERLOTに」開催
	9月13日	CHEIR	フォーラム「大学における教育データの利活用〜実務と研究の観点から教育データを考える〜」開催
	10月3日	CHEIR	第4回高等教育研究委員会開催（報告提案〈案〉について検討）
	10月19日	CTLT	学修ポートフォリオフォーラム開催
	11月10日	CTLT	Japan-Korea Global Presentation Competitionスタディーツアー報告開催
	10月27日	CTLT	2017年度秋学期高度授業TA対面研修開催
	11月21日	CHEIR	第5回高等教育研究委員会開催（報告書案ディスカッション，まとめ）
	12月6日	CTLT	フォーラム「デジタルのグローバルな技術動向とそれに伴う社会の変化」開催
	12月19日	CTLT	第2回高度授業TAコミュニティ開催
2018	1月30日	CTLT	＜共催＞「次世代e-learning公開フォーラム」開催
	1月30日	CTLT	第3回高度授業TAコミュニティ開催
	2月8日	CTLT	2016年度秋学期・2017年度春学期早稲田大学ティーチングアワード総長賞授与式開催
	3月27日	CHEIR	第6回高等教育研究委員会開催（次年度課題検討）

【注】CTLT：教育方法研究開発部門に関連する事項；CHEIR：高等教育研究部門に関連する事項．

執筆者・執筆協力者一覧（＊は編者）

　橋本周司（早稲田大学副総長　常任理事　名誉教授）
　佐藤正志（早稲田大学理事　大学総合研究センター所長　政治経済学術院教授）
　大野髙裕（早稲田大学理事　理工学術院教授）
　神尾達之（早稲田大学大学総合研究センター副所長　教育・総合科学学術院教授）
　吉田　文（早稲田大学大学総合研究センター副所長　教育・総合科学学術院教授）
　本間敬之（早稲田大学大学総合研究センター副所長　理工学術院教授）
　森田裕介（早稲田大学大学総合研究センター副所長　人間科学学術院准教授）
　日向野幹也（早稲田大学大学総合研究センター教授）
＊姉川恭子（早稲田大学大学総合研究センター講師）
　蒋　妍（早稲田大学大学総合研究センター講師）
＊石井雄隆（早稲田大学大学総合研究センター助手）
　中野美知子（早稲田大学名誉教授）
　沖　清豪（早稲田大学文学学術院教授）
　青木則幸（早稲田大学法学学術院教授）
　渡邉文枝（東北大学高度教養教育・学生支援機構助教）
　永間広宣（早稲田大学情報企画部マネージャー）
＊山田晃久（早稲田大学大学総合研究センター調査役）
　岡崎成光（早稲田大学商学学術院調査役）
　中山勝博（早稲田大学大学総合研究センター職員）
　堀井真太郎（早稲田大学教育・総合科学学術院職員）

　※肩書きは執筆時（2018年10月）

監修者紹介

早稲田大学 大学総合研究センター

早稲田大学が2012年に策定した中長期計画，Waseda Vision150の革心戦略の1つ，「進化する大学の仕組みの創設」において誕生。高等教育研究部門と教育方法研究開発部門の2つの部門で構成される。高等教育研究部門では，教育・経営に係る各種データの収集・分析（Institutional Research: IR）や高等教育のあり方や理念に関する研究を，教育方法研究開発部門では，Faculty Development（FD）やMassive Open Online Courses（MOOC）などICTを活用した新たな教育手法の開発・普及を行っている。

大学総合研究センターの最新情報　https://www.waseda.jp/inst/ches/

大学総合研究センターの今 —— 教育改革に挑む早稲田

2019年3月15日　初版第1刷発行

監修者	早稲田大学 大学総合研究センター
編著者	姉川 恭子・石井 雄隆・山田 晃久
発行者	須賀 晃一
発行所	株式会社 早稲田大学出版部 169-0051　東京都新宿区西早稲田1-9-12 電話 03-3203-1551 http://www.waseda-up.co.jp
デザイン	河田 純・天川 真都（株式会社ネオプラン）
印刷・製本	シナノ印刷株式会社

Ⓒ2019 Waseda University Center for Higher Education Studies, Printed in Japan
ISBN 978-4-657-19002-4
無断転載を禁じます。落丁・乱丁本はお取り替えいたします。